后浪出版公司

身材管理

居家、办公
都能做的小角度运动

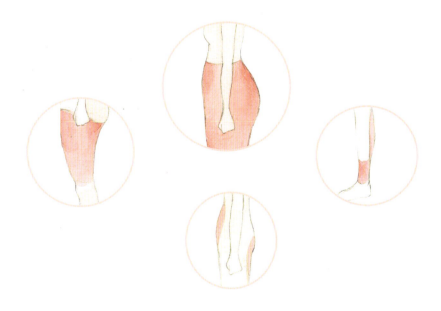

KIMIKO 著

广东旅游出版社
GUANGDONG TRAVEL & TOURISM PRESS
中国·广州

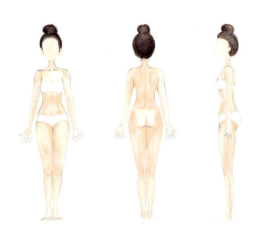

目　录

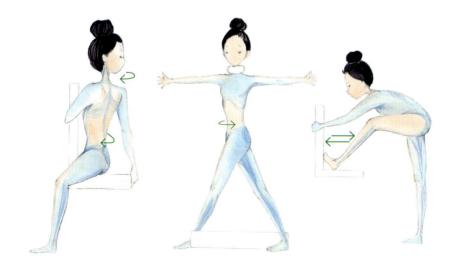

推荐语

KIMIKO真的是我认识的女性朋友里最风情万种的一位，我一直觉得她好像法国女人，活出了自信美，举手投足都充满着优雅又性感的气息，而且还是一个正能量超强的女生！

在她眼里凡事都是美好的，她就是有办法找出你身上的优点！尽管我真心觉得我的肢体动作就是颗矿石，但在她眼里却变成了钻石。她在上课的过程中总是让我拥有无比的自信，就连体态都变得不一样了，女人就是要活出自信、活出美丽。一起进入KIMIKO的世界，让自己变得更棒吧！

—— 六月，艺人／时尚妈咪

面对岁月和地心引力的效应，我只能绝对谦卑，让KIMIKO°的小角度运动为自己带来绝地救援！

—— 石灵慧，名牌学与时尚营销首席专家／路易·威登 LVMH 前总经理

很高兴看到KIMIKO老师又要出书了！和KIMIKO老师认识已经超过十年，这十年之中，老师从没有间断过她的自我学习——每年出国进修与研习，也促成了老师这些年来更专业的输出。

KIMIKO老师除了不断提升自己之外，与所有学员进行学习与分享时还展现了无比的耐心与热忱，TRUE 的会员也因为KIMIKO老师的认真教学获得许多益处。

在教学生涯中，KIMIKO老师用她的专业与热情真正改变了许多人的人生，也使他们变得更健康。相信这本书的内容可以让读者知道如何通过运动与了解自己的身体，真正达到健康状态并改变人生，进而感染与影响更多的人。

—— 史奎谦，全真健身（TRUE）与 Radical Fitness Taiwan 董事

科学原理知道再多，唯"做到"方能"得到"。习惯造就身形，Don't ask me why！跟着 KK 老师做小角度运动，就对了！一旦开始，改变就会不断发生！

—— 林佳静，功能性医学营养师

KK，用朋友和闺密的角色关心你真正的美丽，用女老师的身份教导你追求好身材，跟着她，没有丑女孩！

—— 谢馨慧，奥美公关董事总经理

是怎样一种富有魅力的人才能将亲身经验分享给明星艺人？答案是对肢体训练有术且有宝贵实际经验的人。经小 S 的推荐我认识了专业肢体表演的她，在合作上，她教会大家如何协调地将腿、臀、肩、胸、头的体态绽放在舞台上。她就是我认识的 **KIMIKO** 老师。

—— 赖丰奇，广告／电影导演

我是一个不爱运动且没有运动习惯的人，所有的运动对我来说都难以维持，不论是模式还是内容，我很容易对一种运动方式感到疲乏。

直到十多年前第一次上 **KIMIKO** 老师的课，我才开始真正找到有足够多的兴趣来维持的一种运动。我跟随老师上课的十多年来，她的教学内容一直在变化、在进步，对于老师永远都有新的教学内容这一点，我感到十分佩服。

通过这些百变的小角度运动，**KIMIKO** 老师让我对自己的身体有了更进一步的了解。想到自己当初刚开始上课，对于老师教导的内容感到十分困难所产生的挫败感，到现在对于老师的指导很快速地就能抓到重点，这一路走来，我和自己身体的感情越来越好，对自己的姿态感到越来越有自信，这些成就感的累积是我这么多年来一直坚持上 **KIMIKO** 老师的课程的原因。

老师常说，姿势一旦错误，运动次数就不能决定运动的效果及效率，我想我已经从自己身上印证了这一点。看似简单的动作其实在执行上难度更高，这些微动作很精准地雕塑了我的身形，也很容易融入生活中，帮助我养成良好的日常习惯。我很喜欢自己现在的身体，也很期待接下来跟老师一起上课的更多个十年。相信我们能一起探索每个不同年纪下身形的美，用自信展现出来。

—— 卢南君，Momo's March 设计师

本书用简单、易懂的方式，让大家更明确地认识自己的身体肌肉，了解健康的体态和运动方式。

—— 韩伟，美国洛杉矶加州大学助理骨科教授，新光骨科运动医学中心主任

在三年多以前，我是个运动狂热者，生怕运动少了就会发胖。但是上了老师的课后，我学会了要聪明地运动，老师的小角度运动将我金刚芭比一般的身体变薄了，身体有了肌肉阴影，线条也更美了。**KIMIKO** 老师也常在课堂上教授正确的运动观念与新知，不用花很多时间却有了更好的效果。每次上课的飙汗都让我感到通体舒畅，十分感谢，老师

的小角度运动让我越来越爱自己的身体。

—— Charissa Wu，领航慈善基金会执行长

首先恭喜老师出新书了！想想跟KIMIKO的缘分也已经有十五年之久。

十五年说长不长，说短不短。起初我还在帮KIMIKO剪头发、染头发，当时的KIMIKO已经是个知名舞者。

从人人口中的KIMIKO老师，到有了自己的舞蹈教室，现在还出书了！

而我那时也是刚跟时尚界、演艺界接轨的新锐造型设计师，现在已经是拥有两家发廊的老板，所以总觉得我们俩的蜕变过程很像。同时也有互相分享经验与共同打拼的革命情感。

我记忆中的KIMIKO一直是个很努力的人，对流行敏感度很高，很多事情都能掌握到重点，与她讨论头发时，她也很了解自己想要什么。每过一阵子都会听到她又要去哪里进修，她既是老师，也是一名不忘持续进步的学生，这就是她的态度！

—— Ivan，顶级发廊 Flux Collection 创办人

找到最适合自己的比例，就是美态

2018 年初，我送给自己一份很有意义的生日礼物——个人定制化药物基因检测，因为想要更科学地管理自己的健康。收到报告时自己吓了一大跳，原来科学已经如此进步，解答了我内心一直以来的疑惑……我果然不是天生的运动员！甚至没有发达的肌肉基因！

在分析报告时，好友——同时也是分子细胞生物学博士候选人的营养师林佳静告诉我："职业运动员都有这个基因，你不属于 1% 的天才，但也是剩下 99% 中的最佳努力代表！你也不是天性乐观的人，好在选择了运动来长期稳定刺激内啡肽，所以能够总是保持正面、积极的乐观态度！"

看着这份报告，我瞬间觉得有些励志！如果连这样的我都可以拥抱美态，那你一定更没问题！

因为这条路非常难，所以我更能体会"收获"的不容易。

我四岁开始练舞，柔软度总是比同龄小朋友差，加上天生 O 形腿、学动作也慢，以芭蕾选材来说，我常常是被刷掉的那一个。虽然不是天才，却因为喜欢，所以从来没想过要放弃。我体内大概还有个基因叫"执着"。我四岁就跟老师说："只要我想要，没有达不到。"吓得老师赶快在联络簿写下："这个小孩有异于常人的执着，请家长多关心。"

因为跟不上别人的进度，所以我在课堂上常常很努力地盯着同学和老师看。结果，竟也被我看出些意思来，这样反而能看出身体和动作的细微差异。而身为芭蕾舞者，有好几年的时间我都是梳着丸子头、把刘海儿梳光（让五官原形毕露），穿着高领、最显胖的白色紧身舞衣，在芭蕾舞台上，美感很残酷，也很绝对，在不断地被淘汰下，我对美感细节也有了格外深刻的体会。

不得不说的是，我还累积了二十多年的特殊工作经验——电影、广告肢体编排指导。

因为这个身份，我有机会接触来自世界各地的业界顶尖人士，也见识到许多令人难以想象的美感比例拿捏方式。在镜头下，露出的每一个最佳角度都要配合拍摄现场的光线、背景、产品……才能帮演出者设计出最适合在镜头前呈现的方式，这是门很大的学问。正因为长期通过镜头的各种帧率来观察人体的姿势、动作，再加上自身背景拥有的结构学、人体解剖学知识，养成了我对于结构、角度变化的各种敏锐反应。我走过艺术的残酷舞台，也帮助别人在镜头前展现各种漂亮的姿态。这样的经验让我知道该如何调整美感，并将其应用在生活当中。只要调整一些小细节，就可以在这个高标准、严苛审美的文化习惯中，找出呈现个人魅力和特色的方法，活得自在而舒服！

而掌握这些小细节的关键，就是"比例"。

每个人都有属于自己的体型比例。每个尺寸的女孩，都有自己的体型烦恼。我们不该被严苛的审美标准绑架，认为瘦就是漂亮，这是一种偏见。

所以在我的课堂里，我会专注于改善体型、记录差异。现代社会中每个人都在求快、求速效，但是能否做好很多零零碎碎的小事情，才是达到理想效果的关键点。

这也是为什么本书中我们要根据身体的四个部位划分出十二种体型的原因。在教授舞蹈的二十多年里，我看着各种各样的女生，为了拥有更好版本的自己，来舞蹈教室上课，跟着我的KIMIKO°小角度运动找到运动时的快乐，追求更好的自己。看着这些女生那么努力，即便遇到困难也会发展出属于自己的方式，我心想，一定要把观察这些学生在寻找更好自己过程中得到的经验记录下来，做一本简单易懂的指南，让每个人随时随地都能追求美、追求更好的体态。每个女生都应该有自己独特的迷人之处，而该如何让自己升级为更好的版本，这才是最重要的。

除此之外，KK知道有很多上班族经常为工作时间长、运动时间少而烦恼，在课堂上也常常会有学生担心地问我，一个星期只能抽空来学习一次，这该怎么办？

其实我也一直在思考，我们真的需要这么大的运动量才能改善体态吗？

我至今教学二十年，出了三本书，指导过数以百万计的学生，每天还要回复上百条网友、读者留言。我发现，遇到的每个人——不管是素人还是明星，烦恼居然都差不多。

经常被问到的一个问题是：老师，你的运动量这么大，但竟然跟我们说只要动一点点就好，这合理吗？

请先看完下面这个小故事，它来自我的亲身经历。

以前跳芭蕾的时候，空中转圈一直是我做不好的一个动作。后来我去纽约进修两个月，其中一堂课一个月只教两个动作，老师只要求我们重复地把基本动作做对、做好。这个动作跟转圈无关，但经过每天这样的反复练习，一个月之后，原本很卡壳的空中转圈跳，我突然就可以很顺利地做出来了。这件事让我开始反思，原来姿势和角度才是关键点，是稳定的基本功让我踩得更扎实、跳得更高，因此就有余力可以专心转更多圈。运动也是如此，运动前做好准备、做好基础训练，让身体可以在该用力的地方用力，才会达到真正的运动量，而非动作量。

这就是我不断强调的，运动的有效关键在于姿势！小角度运动能有效帮助身体掌握姿势、正确使力。避免因为急着减肥，而做出很多超过自身能力负荷的事！

因此我开始设计很多小角度运动，让大家对核心训练产生兴趣，因为核心肌群是一切运动的根基，更是启动身体的引擎，核心越好，马力越强。根基稳固，便有足够的支撑力让身体带着四肢去运动，让躯干越动越紧实、四肢越动越纤细，就比较不容易复胖。

所以 KK 设计的小角度运动中最特别的一点是，运动前就必须遵守精准的指令，准备好了才能开始。我希望大家漂漂亮亮地开始，漂漂亮亮地完成。我口中所谓的漂亮，指的就是姿势到位，这也是我想传达给大家的重要一点。

除此之外，我另外想跟大家分享的是，好的体态所呈现的加分魅力。常有学生问我："老师，我要怎么才能跟你一样，随时都展现出良好的自信？"

老实说，在很多场合，我内心都是很紧张的，只是外表看不出来，这就是体态的魔力了。要怎么样呈现有魅力的坐姿和站姿——就像一个芭蕾舞者一样，可以挺直地展现出自己最好的状态，让自己表现加分——这也是这本书中我想传达给大家的。

不管是何种年纪到来，女生都该展现不同状态下更好的自己。这本书除了详细划分十二种体型，让大家交叉对比，有效率地找出适合自己的运动之外，还跟大家分享了一些在办公室随时可以运用的小运动，让我们时刻都维持在最好的状态。同时，也分享了很多生活中体态保养的小秘诀。

今年 39 岁的我，体重 58 公斤、体脂率 17.6%、内脏脂肪 1、身体年龄 24，比起 36 岁那年的身体年龄，更年轻了 1 岁。常有粉丝开玩笑说我的身体不科学，在这里想跟大家说，其实这一切只是因为我找对了适合自己的方法。天生没有运动优势的遗传基因，唯一有的是对舞蹈的热情，这样的我都能达成四岁时的梦想，成为舞蹈老师，并且开心拥抱越来越好版本的自己。我想，既然我都可以，那么热爱分享的我，当然希望每个人都有机会在日常生活中，同样越来越喜欢自己的身体，越来越爱与之共处。

而这样的态度与姿态，也正应是属于我们每个人的日常美态。希望我们能把这种日常美态的精神，一直传达下去，到 50 岁、60 岁、70 岁，甚至 80 岁……永远坚持下去。

跟着 KK 动起来之前
你可能想了解的问题

Q：什么是小角度运动？

A：小角度运动指的是，用绝大部分的深层肌群来带动身体动作。因为全身同时出力，所以外观看起来动作幅度不大，却能达到较高的消耗效率。和大幅度动作运动不同，肌肉收缩模式也不一样。

小角度运动的特性是，动作时身体和四肢间的空隙缩小，整体活动范围变大，但因身体稳定度高，所以动作时看不出大幅度的摇晃。实际动作起来，姿势正确的人会全身都有感觉。

Q：核心是什么，为什么那么重要？

A：核心肌群就像无形的骨架，它会把人体从内部稳稳地撑起来，让四肢可以轻松自在地做运动。

在这本书里，我会把核心概括成两个部分，来检视身体与核心的关联度。上半身稳定度要看肩胛骨和核心的关联度；下半身要看骨盆稳定度，以此判断和核心的关联度够不够强。

记住小角度运动训练核心的三大要点：夹小毛巾、夹脚踝、上下两端固定后再来夹腹股沟，一定要依照此顺序训练！如果真的没时间去健身房运动，也可以在办公室做这三个动作，这就是精准的小角度训练。

Q：我挺胖的，做得了小角度运动吗？

A：可以！特别是没有运动习惯的你！小角度运动属于全身性运动。它能够使你学会使用深层肌群来带动身体动作，可以在减少体重负担的基本前提下极大增加活动量。只要依照书中的顺序扎实练习，并定期检视身上的明星体线数量，就会看到显著成果！

Q：我也可以练成名模的身材吗？

A：先确认自己想要的是什么，是希望得到名模般的身材，还是想要看起来像名模般的身材比例？模特和艺人的身材都是经历过千挑万选出来的超级体型！把自己放在这么严苛的条件下比较……只会对自己更不满意！每个尺寸的女孩，都有自己的体型烦恼。而当我们看别人身材的时候，往往都直接投射出自己心里最在意的缺点——A 总是觉得 B 纤瘦美，B 却想把屁股练宽，把腿练粗……

纸片人有纸片人的烦恼，丰满女孩有丰满女孩的魅力。我们不需要被严苛的审美标准绑架，认为瘦就是漂亮，这是一种偏见！漂亮不该只有一种标准！

Q：本书的运动都这么简单，真的会瘦吗？

A：我们在这本书中提倡的不是体重数值，而是要强化深层肌群以得到明星体线。在生活中如果能使用到绝大部分深层肌群，外观看起来就瘦。如果你是还没开始运动的人，可以先从办公室小角度运动或 4321 黄金餐盘饮食原则开始，运动搭配饮食的效果是最出色的，因为这是改善生活、调整体态的根本。

Q：虽然身体会感知到差异，但我要用什么样的标准检视自己的进步？

A：怎么检视自己的进步程度呢？答案是，固定观察自己身上的明星体线并做记录，那些线条的深浅度就代表着进步程度，也是做小角度运动时衡量自己有没有做对、姿势是不是做到位的评判标准。一周内做三天、做五天、做七天所得到的效果皆不同，直接使用本书附赠的"我的小角度运动笔记"（第 113 页）帮自己记录，就可以在三个月内直接看到身体的变化。

Q：小角度运动跟一般运动相比，差别在哪里？

A：有些人会疑惑，为什么锻炼后的肌肉会呈现各种不同外观，为什么小角度运动练出的肌肉是条状的？因为小角度运动是由身体带动四肢、深层带动浅层的运动方式。不同的肌肉收缩模式训练出的肌肉外观都会不同。小角度运动的目标是使肌肉更匀称、修长，而非块状的线条。

小角度运动强调深层肌群带动浅层肌群共同作用，这种类型的运动时间短、效率高，在任何场合都可以进行，不具有强迫性。所以，任何体型的女孩，只要照着书里的排序，在办公室／居家两个版本中，按需择一或双管齐下，都会取得效果！

Q：姿势回正，真的自然就瘦了吗？

A：姿势不良是许多人的通病！不良姿势长期作用下的身体就像一幢脆弱的危楼！外观可能看起来还好，但每时每刻都用到许多代偿动作，硬是把身体维持在外观"看起来"还可以的样子，累积到一定程度就可能随时倒塌。

核心有力的人通常姿势都不会歪到哪去，姿势正确的话，体型也较不容易走样。而核心无力的人只能想方设法地用蛮力维持姿势，所以总是这里痛或那里痛，衍生出许多文明病。通过本书中的小角度运动强化主要姿势的深层肌群，就会让身体处于一个相对省力的位置，并且对自己的姿势产生警觉心。姿势回正，身体就能更有效率地带动四肢去动作，直接大幅增加活动量！

20世纪末，世界各地的人对于"业余运动"的认识有限，风气也还不够普及，如果有人问你：有没有兴趣在下班后再"自费花时间流汗"让自己累到不行？即使在前卫的纽约，这问题听起来也如天方夜谭一般。

近二十年来，许多没听过的业余运动应大众需求，逐渐被发展出来，这些运动常糅合舞蹈、节奏、武术、静坐等元素，让非专业运动员的普通人也能操作，以此达到提升体能、愈疗、修复、塑身等目的，并且各有特色。

当年在纽约学习各种舞蹈和运动的我，在街头、地铁旁、课堂上、甄选会上、演出中……不断为各种舞者和运动好手使用身体的方式所惊艳。

所以我当即做了一个决定，要找到这些舞蹈、运动的启蒙老师，"从头开始"好好学习。在这些世界级的老师身上，除了学会各种训练身体的方法，我还学到一个重要观念——"稳定度"才是真正的关键点！

这些各领域的顶尖老师所给予的建议都是：

请把"稳定度"当成训练和使用身体时的最大目标！

他（她）们这样告诉我：

增肌等运动强化原理虽然大同小异，但每个人先天条件和期望都不尽相同，对于美感的标准要求也不同。因此，在挑选适合自己的运动时，除了基础的动作强度和频率外，还要留意"身体肌群的锻炼"，同时，必须把"身材视觉的改变"考虑在内。除了强化身体，更重要的是"增进稳定度"，当身体的控制力提高时，就能逐步精准地打造出理想形态。

这个重要的领悟，改变了我关于舞蹈及运动的观念，启发了我对于训练、使用身体的想法。最重要的是，让我开始从里到外都一致地强壮、美好。

Part 1

找出属于你的体型，
练出属于你的美态

第1章 十二种体型的穿搭与运动

是否常常遇到这样的问题，按照衣服尺寸表买衣服，结果穿起来跟图片里模特的效果完全不一样？明明是同样尺寸，怎么看起来感觉差这么多？

或者，在报纸杂志的体态分类表里，怎么都找不到自己的类型。你们的烦恼KK都听到了，本章整理了我教学二十多年来，观察、记录数以万计的身体后所归纳出的十二种体型。

我通过骨盆和肩胛骨这两个部位来协助分类体型，骨盆前倾、骨盆后倾、肋骨外扩、肋骨内陷……这些都影响到我们的姿势，环环相扣。如果位置歪掉了，就会影响体型。这本书按照臀、腿、肩、胸四个区域再各自划分为三种类型，经过交叉配对，便于你找出自己的体型，穿上适合自己的衣服，做出相对应的运动选择，展现属于自己的体态美。

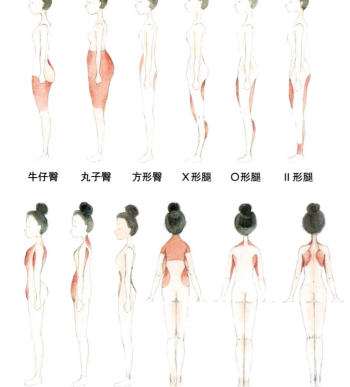

牛仔臀　丸子臀　方形臀　X形腿　O形腿　Ⅱ形腿

唐老鸭　背包客　笔直型　圆肩　三角肩　一字肩

NOTE:
本书中提及的所有体型，皆为天生正常骨架，无病理上的异常，都是姿势不良所致。

每种体型的红色区域，就是在各部位类型中因天生体型或后天姿势让自己不满意的地方，别担心，接下来，我们会教你怎么对付它！

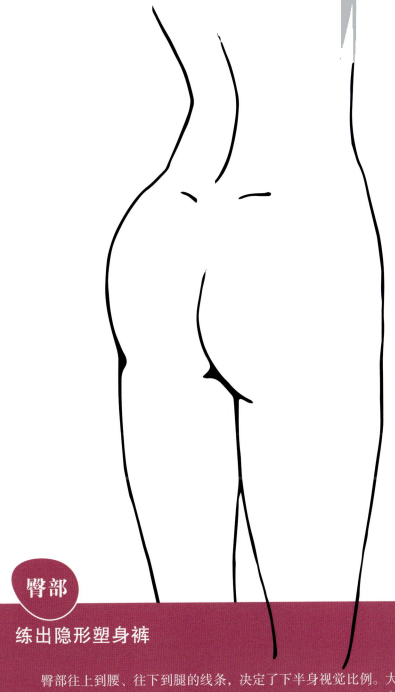

臀部

练出隐形塑身裤

　　臀部往上到腰、往下到腿的线条，决定了下半身视觉比例。大腿内侧肌群、臀部肌群就等同于身上的隐形塑身裤，会让臀腿线条在视觉上更加延展、修长。

　　本书将臀部分成三种类型——牛仔臀、丸子臀和方形臀，第一步请先按照图片找出自己的臀型。

KK 小叮嘱：
无论哪种臀型，都各有曲线优势，掌握好自己的优势，便可以练出魅力体态。

牛仔臀 （马鞍型）

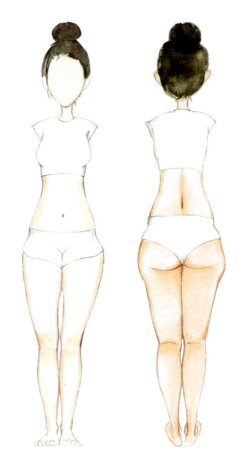

牛仔臀女孩的臀型从外观上看有几个特点：

① 两侧下缘凸起，上臀和腰侧的落差特别明显。

② 从正面看，臀部两侧像是带着西部牛仔的枪套或马鞍。

③ 从背面看，臀部两侧凸起较明显，腿的视觉比例会比较吃亏。

    牛仔臀女孩经常看自己的正面和背面不顺眼，觉得自己看起来腿不够长，但这种体态优势是侧面腰臀曲线凹凸有致，是一般女孩梦寐以求的天生的 S 形曲线。

    KK 的原生臀型也是牛仔臀，通过练习把两侧外凸的马鞍弧度练顺，直接大幅改善了腰、臀、腿的整体视觉比例，变成漂亮的小马鞍高臀。

运动菜单 收肋骨→夹腹股沟

　　牛仔臀女孩请把练习重点放在收肋骨（第 72 页）和夹腹股沟（第 68 页）上，通过小角度运动，同时将臀部上缘和两侧上提，使大腿内侧变紧实，练出芭比娃娃线、屁股酒窝和大腿外侧线，拉长腿部比例（体线请参考第 57 页）。

🔊 KK 小叮嘱：

　　因为天生体态，牛仔臀女孩运动时腰、臀、腿一定要同时锻炼，不能只执着于腿或臀的练习，下半身比例才不会失衡。

　　NOTE：请按照 KK 帮你安排的顺序运动，才会有成效!

穿着重点

　　牛仔臀女孩在选择服装时，由于天生体型的关系，如果想穿出好看的臀腿比例，必须要特别留意服装的材质和裤腰版型。把重点放在凸显 S 形曲线，而非刻意掩盖臀部宽度。要穿剪裁版型挺括的衣服，而不是紧贴、压迫身体曲线的（类似于绷带）。虽然穿衣的选择相对少一点，一旦选对了就八十分起跳。

推荐服装类型：
轻薄材质的 A 字、大圆裙（除了贴身超弹性莱卡或棉质类）
版型立挺、布料延展度低、宽版裤腰的裤装

容易踩雷类型：
棉质包臀裙、窄版松紧带裤腰
超紧身喇叭裤、莱卡材质的贴身打底裤
刻意遮掩臀部形状的、半长不短的宽松 T 恤
布料超薄的合身西装裤、两侧加上线条装饰的阔腿裤（但可以穿烟管裤、老爷裤）

丸子臀 （圆臀型）

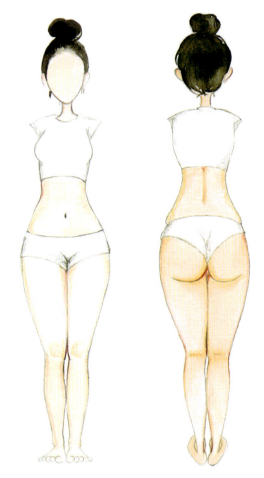

丸子臀的臀型从外观上看有几个特点：

① 腰线较短、胸臀分界不明显（俗称"胸部下来就是臀"）。

② 从正面、侧面、背面看，臀型饱满、浑圆（类似于碧昂丝的黑人女性臀型）。

③ 整体体型偏厚，但臀部让腿型看起来比例修长。

　　丸子臀女孩通常很介意自己的臀型，觉得看起来太过丰腴，容易把自己的身材归类为下半身肥胖。但性感翘臀就是她们的体态优势。

　　通过练习，拉出腰线，让上下半身曲线分明，视觉重点就会放在漂亮的臀部，就算原生腿不长，整体视觉比例也会更流畅好看。

运动菜单	提肩胛→收肋骨→夹腹股沟

丸子臀女孩请把练习重点放在提肩胛（第 78 页）、收肋骨（第 72 页）、夹腹股沟（第 68 页）上，通过小角度运动，使臀部上、中、下缘同时内收，练出背沟、川字线、芭比娃娃线、屁股酒窝，拉出清楚的腰线（体线请参考第 57 页）。

KK 小叮嘱：

因为天生体态的关系，丸子臀女孩在运动时胸、腰、臀、背一定要同时锻炼，不能只执着于臀部和腹部的练习，整体比例才不会失衡。

NOTE：请按照 KK 帮你安排的顺序运动，才会有成效！

穿着重点	

丸子臀女孩在选择服装时，想要穿出好看的腰臀比例，必须特别拿捏身体露出的部位与范围，只要拿捏得当就很显瘦，没拿捏好则会在工作场合看起来太过性感而不够得体。应该把重点放在凸显腿部修长线条上，而非刻意展现身体曲线。只要穿对了，就可以同时展现碧昂丝和米歇尔·奥巴马这两种不同的魅力风情。

推荐服装类型：

合身但不紧绷的窄裙、A 字裙、膝上裙皆可（但留意职场穿搭时不要短于大腿中段）

轻盈材质的视觉膨胀色系短裤（白、粉等各浅色系）

腰部采用拼接设计、可区分腰臀线的裤装

容易踩雷类型：

超低腰裤、半长不短的马裤、超宽阔腿裤

下半身图样繁杂的服装（如点状、花纹、直条、横纹）

窄版松紧带的超紧身打底裤

方形臀（小臀部）

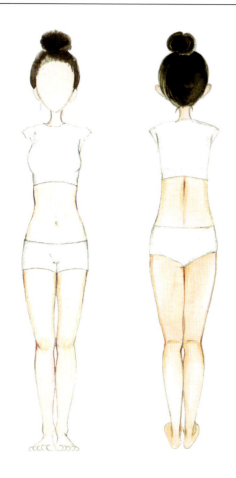

方形臀的臀型从外观上看有几个特点：

① 无论侧面背面，视觉上都是直线，没有明显曲线。

② 正面没有突出的臀部曲线截断视觉比例，所以看起来腿很修长。

③ 臀型特征不明显，容易忽略体态的变化。

方形臀女孩常觉得自己看起来没有腰线，臀型很难改变，但这种体态的优势是拥有绝佳的整体比例，外观上被归类为一般女生都想要拥有的纤细体形。

但也因为易显瘦又藏肉，所以会忽略运动的重要性。不要气馁，只要跟着这本书运动就可以明确改变臀型，从方形变桃形。

运动菜单   收肋骨→夹腹股沟→脚踝运动

　　方形臀女孩请把练习重点放在收肋骨（第 72 页）、夹腹股沟（第 68 页）和脚踝运动（第 64 页），通过小角度运动，维持现有腿型的同时，拉出臀部上缘和下缘线条，练出芭比娃娃线、屁股酒窝和脚踝线，打造肌肉阴影和立体臀型（体线请参考第 57 页）。

KK 小叮嘱：

　　因为天生体态，方形臀女孩在运动时背、腰、臀、腿一定要同时锻炼，不能只执着于臀部的练习，整体比例才会均匀又好看。

　　NOTE：请按照 KK 帮你安排的顺序运动，才会有成效！

穿着重点

　　由于天生体型的关系，方形臀女孩在选择服装时……恭喜你！穿什么都不是问题。但如果想强调身段，就要特别注意服装的材质、松紧度和层次比例，跟其他体型相比，比较繁复的下半身设计更能凸显臀部线条，腰部露出范围要拿捏得当。

推荐服装类型：
剪裁利落、小号男款服饰（因臀型不受限制）
多层次穿搭、下半身色彩及图案特别明显的紧身打底裤
光泽感、透视感材质的裤／裙装
侧边打褶设计的阔腿裤

容易踩雷类型：
垂坠材质的高腰长裤
宽松剪裁的棉麻材质套装

先分享很有感触的一段话给大家：

"人心，一般不会死在大事上，那些一次又一次的小失望，往往才是最致命的伤。"

运动也是，所以在很努力运动的过程中，如果能够先从设定阶段性的"小目标"做起，以"三个月为一周期"的循环单位持续为自己的变化反应做笔记，进行仔细记录，就能有条不紊地改变自己。

遇到瓶颈也不要心急，停下脚步，千万别抗拒休息（让身体休养几天并不会造成身材走样，反而是落实下一阶段成效的关键）。认真审视一下身体在每个阶段的不同改变，然后再次调整"方向""强度""组数"以继续前进，身体就会达到出乎意料的改善效果。

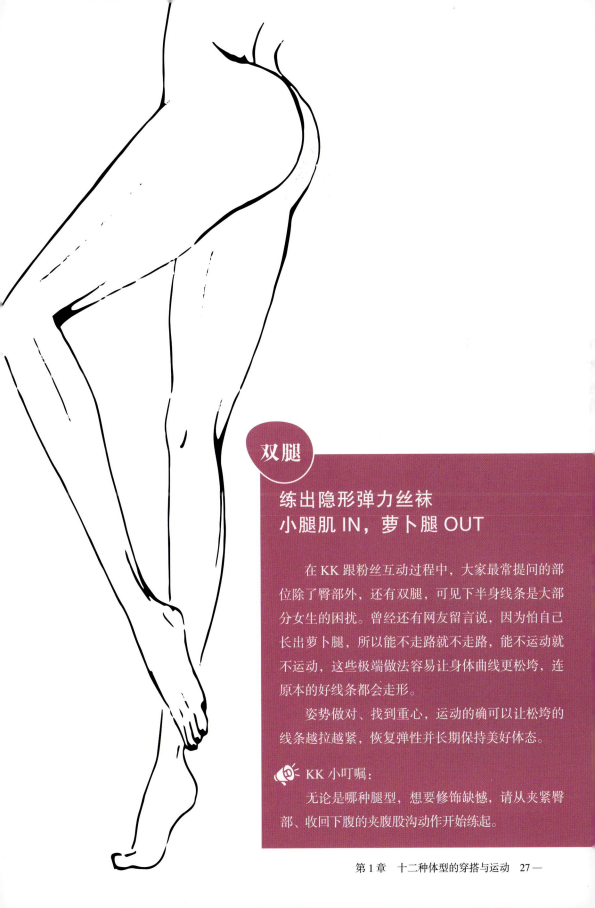

双腿

练出隐形弹力丝袜
小腿肌 IN，萝卜腿 OUT

在 KK 跟粉丝互动过程中，大家最常提问的部位除了臀部外，还有双腿，可见下半身线条是大部分女生的困扰。曾经还有网友留言说，因为怕自己长出萝卜腿，所以能不走路就不走路，能不运动就不运动，这些极端做法容易让身体曲线更松垮，连原本的好线条都会走形。

姿势做对、找到重心，运动的确可以让松垮的线条越拉越紧，恢复弹性并长期保持美好体态。

KK 小叮嘱：

无论是哪种腿型，想要修饰缺憾，请从夹紧臀部、收回下腹的夹腹股沟动作开始练起。

X 形腿

X 形腿的女孩有下列几个特点：

① 通常要在比较不自然的动作角度下发力才能跟别人动作一致。

② 因为腿型的关系，总是觉得自己大腿前侧上方突出一块，侧面看起来就像一个括号，而误以为自己大腿肌肉太发达。

③ 没有运动习惯，加上不自然的站姿，天生腿型对膝盖造成的压迫比其他人更严重，现在或许还没有什么感觉，到五十岁熟龄期更容易面临膝盖老化的负担。

　　X 形腿女孩的侧面小腿线条其实看起来很美，就像是天生的芭蕾女演员腿，只要留意姿势，在运动时调整角度，X 形腿的人也可以练出漂亮的腿部线条。

| 运动菜单 | 夹小毛巾→提肩胛→收肋骨→夹腹股沟 |

X形腿女孩改变的第一步不是运动，而是先以夹小毛巾（第62页）、提肩胛（第78页）、收肋骨（第72页）、夹腹股沟（第68页）的练习顺序让双脚着地站稳。上半身先通过小角度运动挺立，减轻下半身负担的同时，练出天鹅线、天使翅膀线、背沟、芭比娃娃线、大腿外侧线，这样就能明确改善腿型的整体比例（体线请参考第57页）。

KK 小叮嘱：

X形腿导致上半身特别容易前倾，肩胛骨没法正中立起，走路的时候只能拖着脚步。先把姿势做对，让身体重心回正，就不怕塌腰无力，小腿线条也会更好看！

| 穿着重点 | |

X形腿女孩的小腿线条向外展开，会造成显宽的错觉。在服装选择上面，避免导致下半身看起来往两旁拓宽的复杂设计裤/裙装。同时，也要避开过软又贴身而让腿型毕露的材质。尽量让下半身视觉线条往内集中，这样才会显得瘦长。

推荐服装类型：
分量感重的裤/裙装
磅数高的直筒牛仔长裤

容易踩雷类型：
蓬松版型阔腿裤
磅数薄、垂坠感重且材质特别凸显腿型的合身裤装

O 形腿

O 形腿女孩有下列几个特点：

① 天生就有大腿缝儿，且站立、走路时稍不留意就呈现外八或内八状态。

② 因腿型外扩，会对自己的大、小腿外侧线条感到困扰。

③ 双腿内侧肌群缺乏锻炼时，脚踝外翻、内翻状况较严重。

O 形腿在亚洲人体型中占比偏多。KK 自己的原生腿型也属于 O 形腿，经过长时间的运动锻炼、姿势调整后，腿型已明显改善。O 形腿的女孩不要紧张，先从改善身体姿势、找到重心位置开始，再通过小角度运动微调会更有效果！

脚踝运动→提肩胛→夹腹股沟→收肋骨

　　O 形腿改善的第一步也不是运动，而是先练习如何让双脚着地站稳，然后再强化大腿内收肌群、上背部肌群，同时锻炼核心力量，这样运动效率会更容易达标。所以 O 形腿女孩的练习顺序是脚踝运动（第 64 页）、提肩胛（第 78 页）、夹腹股沟（第 68 页）、收肋骨（第 72 页）。通过小角度运动练出脚踝线、天使翅膀线、屁股酒窝、大腿内 / 外侧线、小腿外侧线（体线请参考第 57 页）。

KK 小叮嘱：

　　O 形腿的人平时要更留意站立时双脚脚尖的位置（朝正前方），养成大腿内侧先发力再迈开脚步的习惯，就能更快看到腿型的改变！

　　NOTE：请按照 KK 帮你安排的顺序运动，才会有成效！

穿着重点

　　O 形腿女孩选择搭配时，应把重点放在彰显自己双脚线条相对漂亮的区域（例如：脚踝）。让整体视觉焦点聚集在小腿肚以下，巧妙拿捏腿部的露出范围，用上宽下窄的穿搭方式分散注意力，成功模糊焦点，穿出一流的腿部线条。

推荐服装类型：
裙摆长度在小腿肚以上的伞状、灯笼中长裙
材质飘逸、轻盈的侧边开衩长裙
材质硬挺的修身直筒长裤

容易踩雷类型：
磅数低、弹性布料、紧紧捆住大腿肉的所有款式的短裤
侧边加上线条装饰的贴身长裤
色彩鲜艳的膨胀色系蓬蓬短裙
裙长过膝的窄裙

‖形腿 （铅笔腿）

‖形腿女孩大概有以下几个特点：

① 拥有一般定义中的黄金比例腿，不论胖瘦，看起来都笔直修长，像两支铅笔。

② 你还希望我写什么？还嫌自己不够幸运吗？

凡事有好有坏，‖形腿女孩多半拥有天生美腿，体型偏小、偏瘦，和其他腿型比较起来差异度小。平时很难被看出腿型的变化，一旦切实地感受到自己腿型改变时，通常都是其他部位已经胖到难以恢复的程度。相较于其他两种腿型在心理（已经习惯以高标准看待自己的身材，对于改变难以接受）和生理（先天条件好，后天可能疏于努力）方面都要花更长的时间来改善。

夹小毛巾→脚踝运动→收肋骨→夹腹股沟

  II 形腿女孩的练习顺序是夹小毛巾（第 62 页）、脚踝运动（第 64 页），收肋骨（第 72 页）、夹腹股沟（第 68 页）。通过小角度运动练出屁股酒窝、芭比娃娃线、背沟、下背凹槽、AB 线、川字线（体线请参考第 57 页）。强化腰、背部的肌群，使上半身变得挺立，同时减轻下半身负担。直接达到恢复下半身修长线条的效果！

🔊 KK 小叮嘱：

  因为下半身线条偏细，II 形腿女生需要的是注意整体比例、采用上下等比的运动方式！

  NOTE：请按照 KK 帮你安排的顺序运动，才会有成效！

穿着重点

  恭喜你有一双百搭的美腿，任何裤型、裙型在你身上都不太会出错。运动时建议你一定要穿两截式服装，才可以清楚看出胸、腰、臀、腿线条的改变，运动效果会加倍提升！

推荐服装类型：
Everything! 什么都可以！

容易踩雷类型：
没有雷！

★

#*KIMIKO*说#

三十九岁的我，有着一直保持美态、不怕体型走样的三个重要小诀窍！

1. 多利用零碎的时间来增加活动量。
2. 不吃所谓的单一食物，不用断餐饮食法。
3. 时刻留意、调整自己的姿势。

123 你从哪一项开始?

方法超简单，只要持续，就会看到改变。
不要小看身体的每一点进步。

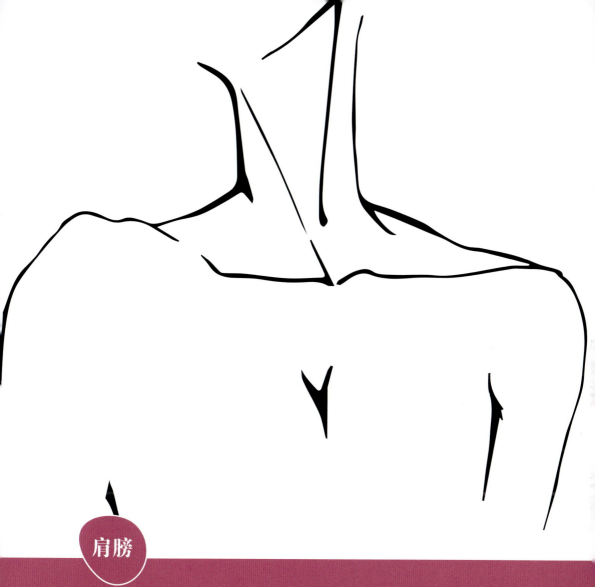

肩膀

隐形肩带和文胸，雕刻侧身美妙曲线

　　想要展现自信的美态，抬头挺胸肯定是第一要点。想要有气质，肩胸就要挺。一个时常塌腰、耸肩、驼背的人，看起来就是很没自信。也许你会说：不是我不想，只是真的很难持续地抬头挺胸啊！

　　如果你有这些问题，那可能是因为脖子、肩胛骨无力在作祟！下巴和肩膀的线条，通常决定了女生给人的第一印象是否具有美态。

　　KK 小叮嘱：

　　肩胛骨周围肌群越有力，手臂线条就越细。找到自己的肩型，练出隐形文胸，你就会从肩膀一路漂亮到手臂！

圆肩

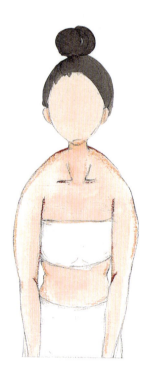

圆肩女孩通常有以下几个特点：

① 因肩膀前勾而显得整条手臂都偏肉，上背较厚，上半身外形肿胀；从侧面看，下巴特别凸出，手臂线条软塌、松弛、没型。

② 在自然放松的状态下，身体和手肘之间的缝隙会特别大。

圆肩在亚洲女生中是最常见的，比起一般肩型，圆肩的人通常看起来会更驼背。但千万不要因此气馁，只要强化肩胛骨周围肌群，调整姿势，这些问题都可以被改善。也千万不要因为害怕肩膀看起来很宽厚而蜷曲身体，这会让体态更走样。

运动菜单

运动菜单   提肩胛→夹小毛巾

塌腰、驼背、耸肩，导致圆肩女孩的手肘外开，练习顺序应是提肩胛（第 78 页）、夹小毛巾（第 62 页）。通过小角度运动练出背沟、天使翅膀线、前削肩线、后削肩线、锁骨线、天鹅线（体线请参考第 57 页），调整姿势，自然变瘦！

KK 小叮嘱：

圆肩女孩抬头挺胸前要记得先念口诀，提醒自己夹臀部、缩腹部，就能把身躯真正挺起来。

NOTE：请按照 KK 帮你安排的顺序运动，才会有成效！

穿着重点

圆肩女孩上半身轮廓看起来偏肉，再加上胸部丰满，往往容易在身材明明还不错的情况下，因穿错衣服而显得臃肿！跟其他两类相比，圆肩可以说是相当挑衣服的肩型。想穿短袖又担心手臂不够细的圆肩女孩，搭配时，请记得不要因此而刻意选择宽松上衣遮掩，只要拿捏好手臂露出的范围，视觉上反而比全部盖住肩膀和手臂更显瘦！如果你想穿出好比例，只要特别注意颜色饱和度、松紧度、袖口和腰线剪裁这四点，就可以穿出显瘦、好看的效果！

推荐服装类型：

合身但不紧绷的棉质工字背心（这样穿其实更显瘦）
剪裁合身、材质硬挺的西装外套
大 V 领设计、宽松度刚好、腰部有修饰线条的洋装
微微露出手臂肌肤的轻盈材质上衣

容易踩雷类型：

超贴身的软质＋切口袖＋圆领的 T 恤　　落肩设计、无腰线的宽松针织上衣
蓬蓬公主袖衣服　　胸前到袖子皆有繁复装饰的上衣　　超宽版腰封、腰带

三角肩

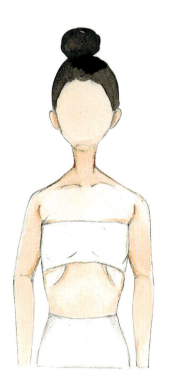

三角肩女孩有以下特点：

① 用力挺胸时侧身形成肩膀后夹、肋骨外扩的不自然姿势。

② 手臂内缘较多肉，副乳、腋下肉明显。

三角肩和圆肩刚好是两种相反的状态！圆肩女孩是挺不起上身，三角肩女孩则是立不起来，只能使上半身硬撑。需要注意的是，应先通过强化腹横肌来调整姿势。让身体先回正，再来加强肩胛骨周围肌群，就能同时改善胸型、美化肩线。

练习重点：不良姿势导致肋骨外扩，使得手肘、大臂向外打开！三角肩女孩的练习顺序是收肋骨（第 72 页）、夹小毛巾（第 62 页）、提肩胛（第 78 页），通过小角度运动练出 AB 线、川字线、背沟、天使翅膀线、前削肩线、后削肩线、锁骨线、天鹅线（体线请参考第 57 页）。

KK 小叮嘱：

1. 三角肩女孩做小角度运动时，请特别留意，收肋骨动作和提肩胛动作的训练比例应为 2:1。

2. 不要过度抬头挺胸，记得随时夹臀部、缩腹部、收下巴！

NOTE：请按照 KK 帮你安排的顺序运动，才会有成效！

穿着重点 ／

三角肩女孩穿衣服时，常常因肩部下垂幅度较大而呈现出一种肩膀挂不住衣服的尴尬效果，很多有着该肩型的女孩都饱受溜肩的困扰。其实，这个肩型可以驾驭的服装类型相当多，连夸张的垫肩、袖子设计也不是问题，而且很容易借着服装穿出各种不同风情的娇小女人味，是进可攻、退可守的百搭肩型！

如果想穿出好比例，只要拿捏好肩膀、锁骨露出的范围，避开会显得身型单薄、无精打采的软性材质，完全可以放心大胆地穿搭。

推荐服装类型：

削肩、无袖上衣
肩线设计清楚且分量感十足的上衣
方领平口、弹性材质的合身上衣

容易踩雷类型：

软垂材质的小 U 领、小 V 领背心
所有吊带上衣（不管宽、窄）
一字领上衣

一字肩

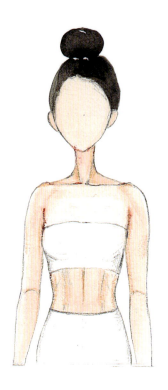

一字肩女孩通常有以下特点：

① 如果体型偏瘦，不需特别用力，上半身看起来就有明显的肌肉线条。

② 锁骨槽明显，天生肩型让姿势看起来相对挺拔。

一字肩女孩通常被归类为所谓的衣架子体型，是芭蕾舞者得历经千辛万苦才能锻炼出的肩型。如果是天生一字肩，完全可以说已经占据较大优势，只要稍加锻炼明星体线，就立马显瘦！

运动菜单 　夹小毛巾→提肩胛→收肋骨

一字肩女孩需要注意的是，必须同时强化腹横肌和肩胛骨周围肌群来调整姿势。让身体回正，就能同时提拉胸型、优化肩线。一字肩女孩上半身不易出现姿势不良问题，但请记得，要强化锁骨以下的线条！

练习顺序是夹小毛巾（第62页）、提肩胛（第78页）、收肋骨（第72页），通过小角度运动练出 AB 线、川字线、背沟、天使翅膀线、天鹅线（体线请参考第57页）。

🔊 **KK 小叮嘱：**

一字肩女孩请特别留意运动过程中上、下半身的训练平衡度。整体比例很重要，不要因为天生优势而忽略了上半身的训练！

NOTE：请按照 KK 帮你安排的顺序运动，才会有成效！

穿着重点

常被夸奖为天生衣架子的一字肩女孩，基本上可以轻松掌握各类型的露肩上衣，而且因为锁骨线条相对明显，整体视觉上容易显瘦！偷偷告诉大家，这是可以通过提肩胛运动锻炼出来的肩型（KK 自己就是从三角肩慢慢练成一字肩）。

如果想穿出好比例，只要拿捏好脖子、肩膀露出的范围，避开垫肩等凸显肩宽、让视觉横向扩大的服饰设计，身体比例看起来就超级无敌了。

推荐服装类型：
能巧妙展现肩颈线条的所有上衣（斜肩、削肩、落肩、挖背、U 领、V 领、圆领）
硬挺材质的任何款式上衣

容易踩雷类型：
高领上衣
宽版横条纹上衣
一字肩、平口上衣

运动就像恋爱。

以爱为出发点时，就算偶尔出现一些小小的不喜欢，还是要跨过去，还是想要走下去！

之前在纽约接受《时尚》杂志的访谈时，我引用了 Axwell ∧ Ingrosso 演唱的"我爱你（*I Love You*）"这首歌的歌词，来形容我和运动之间的关系：

"我爱你，即便现在已经对你无感。我想要你，纵使你已伤害我千万遍。我们有过巅峰般的快感，也有过无尽的失落隔阂。但我仍然爱着你，即便现在已经对你无感！（I love you, even though I don't like you right now. I want you even though you keep breaking me down. We got really high highs really low lows, but I still love you even though I don't like you right now！）"

很多时候，在当下所遇到的那些争议、困难真的会让人沮丧到想放弃一切、掐死对方或自己！

但更多时候，在经历这些好与坏的过程后所得到的美好，幸福到让人想呐喊，虽然不喜欢，还好我爱你！

在每段关系中，到最后，我们都不得不承认，细水长流远比彻底改变更长久！

所有的起起伏伏，不过是为了支持彼此走下去而产生的化学反应，学名为"爱的作用"。

运动就像恋爱，给自己一点发生"爱的作用"的时间吧！

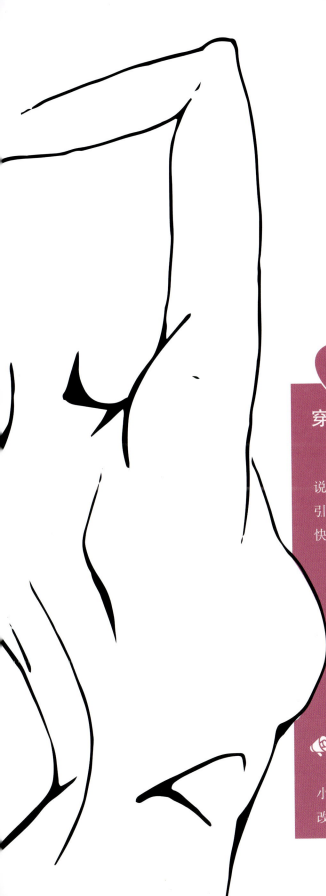

胸型

穿上隐形马甲，更托高、聚拢

　　曾经有位上围丰腴的女生朋友开玩笑说，二十岁时，她根本不知道什么是地心引力，但随着年龄增长，她觉得自己已经快要陷进地心里。另一个女生就更夸张了，她说现在自己没事绝对不愿意脱掉内衣，怕胸部哪天发生"泥石流"！

　　无论是哪种胸型、尺寸的女生，都会有同样的担忧，她们都害怕自己的胸部越来越干瘪，甚至塌掉。

　　难道就这样向地心引力投降吗？

　　KK 当然有办法！

KK 小叮嘱：

　　尺寸是天生的，很难改变！但是通过小角度运动，便能有效雕塑上半身线条，改善胸型！

唐老鸭（肋骨外扩）

唐老鸭女孩有以下特点：

① 胸腹分界不明显，个别看起来像是有四个胸部。

② 下巴特别突出却不自知。

③ 之所以出现这样的体态，可能是肋骨外扩加上骨盆前倾的姿势所致。

从外观上看，这样胸型的女孩肋骨形状特别明显，整体有点像可爱的唐老鸭，但类似鸡胸和蹶臀的不良姿势，长期下来对脖子和腰部造成的负担会比较大。

<table>
<tr><td>**运动菜单**</td><td>夹小毛巾→收肋骨→提肩胛→夹腹股沟</td></tr>
</table>

　　唐老鸭女孩在运动时，由于姿势不正，常常有上半身不知道如何发力、下半身也不知道该怎么用力的困扰。练习顺序应是夹小毛巾（第 62 页）、收肋骨（第 72 页）、提肩胛（第 78 页）、夹腹股沟（第 68 页），通过小角度运动练出天鹅线、AB 线、川字线、前削肩线、后削肩线、天使翅膀线、背沟、背部凹槽、人鱼线（体线请参考第 57 页），就可以立马成为身材优等生！

🔊 **KK 小叮嘱：**

　　照镜子时，请多花一点时间观察自己侧面的姿势，不要只看正面。运动时只要先找好位置、角度，就可以直接找到正确的施力点。

　　NOTE：请按照 KK 帮你安排的顺序运动，才会有成效！

<table>
<tr><td>**穿着重点**</td></tr>
</table>

　　因姿势不良而导致外观呈现唐老鸭体态的女孩，在选择服装时要留意上、下半身的整体协调性。不管是丰满、单薄，还是中等身材，侧面看起来都会是 S 形曲线。只要在服装材质、剪裁上稍做调整，拿捏好身体部位露出的范围（上下比例以 3 : 7 为基准），就可以借助服装搭配来凸显体型优点，穿出整体好感度佳、看起来前凸后翘的高级性感！

推荐服装类型：
凸显腰线、收腰设计的合身洋装
高腰剪裁、宽版裤腰的裤装、套装
颜色简单、设计低调的服装

容易踩雷类型：

任何材质的超大号风格服饰	宽松、没有腰身线条的轻薄棉质服饰
剪裁过紧的弹性布料服饰	粗针织材质、垂坠度高的上衣

背包客（肋骨内陷）

背包客女孩通常有以下特点：

① 因为习惯性驼背、耸肩、塌腰，造成肋骨内陷的状态，从侧面看起来就像背着超重登山包。

② 因为担心自己看起来虎背熊腰，所以每次只训练手臂和肩膀，结果反而造成失衡状态，使得身形更膨胀。

③ 胸部丰满的女性特别容易出现这种不良体态，因为背部、腹部皆无力，挺不起腰，肚子就更往前凸，胸部从侧面看起来呈下垂状态。

哎呀！好像特别多需要调整的地方。不过不要沮丧，登过山的朋友都知道，背包滑下来很沉重，但施力对了、人挺直了，背包就会好背很多，本书就是要教你实际执行的方法。

运动菜单

夹小毛巾→提肩胛→夹腹股沟→收肋骨

背包客女孩在运动时，其实会遇到和唐老鸭女孩类似的困扰，上半身不知道如何发力、下半身不知道该怎么用力。因此，练习顺序应是夹小毛巾（第 62 页）、提肩胛（第 78 页）、夹腹股沟（第 68 页）、收肋骨（第 72 页），通过小角度运动练出天鹅线、前削肩线、后削肩线、天使翅膀线、背沟、背部凹槽、人鱼线、芭比娃娃线、AB 线、川字线（体线请参考第 57 页），立马告别垂头丧气，身形挺拔、有朝气！

 KK 小叮嘱：

因姿势不良造成背包客体态的女孩相当多见，而且她们多半并不清楚，这个姿态对脖子和腰的长期累积伤害最大。在做小角度运动时，背包客女孩需要比其他两类胸型的人多花点精力注意姿势的调整，也要多给自己一些练习时间！

NOTE：请按照 KK 帮你安排的顺序运动，才会有成效！

穿着重点

和唐老鸭女孩相较起来，在选择服装时，背包客女孩易因体型而受到更多限制。由于侧面轮廓呈 C 形，太过紧身的服装容易凸显缺点（上臀、下腹、大腿），让整个人看起来无精打采。只要记得避开弹性材质、高腰剪裁这两点，尽量挑选材质硬挺、穿着时可以贴合身形、版型挺括的服饰，就可以瞬间拉直身体，展现朝气十足、比例修长的体态。

推荐服装类型：

材质硬挺的超大号服饰	宽松、收腰设计的高磅数棉质服饰
细横条纹针织上衣、洋装	中腰＋窄版裤腰的裤装、套装

容易踩雷类型：

超高腰且腹部有褶皱设计的各式裤装	软材质、紧身、直筒且无收腰设计的连体洋装
棉质连帽厚卫衣　　紧身弹性布料衬衫	长度超过大腿根部的棉质长 T 恤

笔直型（肋骨居中）

笔直型女孩的特点：

① 除非过瘦，否则不易在照镜子时看出肋骨形状。

② 稍微用力就能隐隐浮现部分明星体线。

③ 因为不太有外观上的困扰，所以容易产生怠慢心理，忽视运动的重要性。

　　外观上看起来好像得天独厚、体型多半偏瘦的笔直型女孩，在诉说自己体态上的困扰时，很容易被白眼对待。毕竟这种体型常常被归类为所谓的天生好身材！殊不知有很多笔直型女孩也为自己的腰部线条不明显、整体曲线不分明而烦恼着。别烦恼，体态不错的你已经赢在起跑线了！专注于自己的每一个小改变，跟自己说：慢慢来，比较快！

运动菜单

夹小毛巾→提肩胛→收肋骨→夹腹股沟→脚踝运动

笔直型女孩是相当少见的——天生姿态好、容易出现明星体线！由于姿势不太歪斜，稍加训练，效果就很惊人！但是请注意，要保证动作有效性而非动作组数，精准动作才是让体态好上加好的唯一关键点！

练习顺序是夹小毛巾（第 62 页）、提肩胛（第 78 页）、收肋骨（第 72 页）、夹腹股沟（第 68 页）、脚踝运动（第 64 页）。通过小角度运动练出天鹅线、锁骨线、前削肩线、后削肩线、天使翅膀线、背沟、背部凹槽、AB 线、川字线、人鱼线、芭比娃娃线、屁股酒窝、大腿内 / 外侧线、小腿外侧线、脚踝线（体线请参考第 57 页）。看到这你一定会惊讶，凭什么自己要练的动作是最多的？因为天生体态好的人运动效率相对较高。趁年轻先打好基础，直接练出易瘦体质，接下来的一辈子都轻松！

KK 小叮嘱：

因为从外形上看不出肋骨外扩或内陷，在做小角度运动时，可从前后明星体线的深浅程度，来判断自己的进步效果。

NOTE：请按照 KK 帮你安排的顺序运动，才会有成效！

穿着重点

由于体形占有优势，笔直型女孩对自己身材的要求标准会更高。在穿搭上的困扰多半来自"别人看不出来、自己却暗下着急"的身体局部烦恼。这样的话，需要做的不是大幅改变，而是在整体比例下对细节实施微调，如此一来，基本上没有什么不能驾驭的服饰！

推荐服装类型：

简单剪裁的单色系服装　　任何长度、设计版型的裙装
装饰繁复但在肩膀、腰部有内收设计的服装

容易踩雷类型：

放大手臂线条的袖口　　弹性材质工字背心　　窄版松紧带分体式裤装

第 2 章

居家／办公室随时都能做的小角度运动

＜小测验＞ 破解运动无效的原因

就像星座有四种分类，人在运动的时候通常也会呈现不同心态，有可能是综合型，也有可能是单一型。经过多年来的观察，我把这些心态分为四大类型，其各自所表现出的行为模式，有可能造成不同的运动效果。

运动其实是"求异存同"，你要找到自身体型和个性上与别人的差异，才能从无数种运动中找到更适合自己的选择。以下八项简单测验可以帮你找到自己的属性，挖掘自己的运动个性类型，请凭第一直觉作答。

1. 看电影时你喜欢看圆满结局还是不完美结局？

    a. 我喜欢开放式结局，两种都有可能。

    b. 好结局。

    c. 过程最重要。

    d. 坏结局。

2. 什么事会让你想减肥？

    a. 最近闷闷的，想让自己有新的面貌。

    b. 每隔一段时间，想找一件事挑战自己。

    c. 减肥能让我的另一半和爸妈开心。

    d. 我想看看自己瘦下来是什么样子。

3. 通常会让你觉得讨厌的人或事物是？

    a. 慢吞吞。

    b. 无聊。

    c. 太忙碌。

    d. 被指使。

4. 假如你在路上捡到一千元，你会怎么做？

    a. 站在路边等，看有没有人回来拿。

    b. 先捡起来随便放一个地方再说。

    c. 送到警察局。

    d. 走过去视而不见。

5. 你减肥失败的原因通常是？

    a. 人缘太好，饭局太多。

    b. 三天打鱼，两天晒网。

    c. 减肥过度。

    d. 根本没想减肥。

6. 你的工作状态是？

    a. 超级工作狂。

    b. 有点虎头蛇尾。

    c. 喜欢团队作战。

    d. 需要不时停下来吃个点心、伸展筋骨、浏览网页，容易分心。

7. 要出门才发现没有干净的袜子，该怎么办？

    a. 不穿袜子，改穿凉鞋。

    b. 赶快冲到袜子店买新袜子！

    c. 怎么可能会有这种事发生？继续找。

    d. 恩……该怎么办呢？是不是老天爷告诉我今天不该出门……

8. 老板今天不来办公室，你也不用去上班，多出来这一天假期你会？

    a. 好好整理家里。

    b. 疯狂约朋友出门。

    c. 在家继续工作。

    d. 犯懒追剧，什么都不做。

如果你的选项

大多数为 a：**职人型**

大多数为 b：**猎人型**

大多数为 c：**农夫型**

大多数为 d：**哲学家型**

／**职人型（稳定变动型）**

这种类型的人就是课堂上的好学生，永远都会有最好的心态，只要稍加指点，就会达成任务。所以这类人的体态通常不会差到哪里去，无论哪种体型，都会相对好看。

他们对自己足够严格，所以通常都会拥有平均标准以上的体型，不会有松、垮、干瘦的问题，也不容易暴怒或犯懒，这样的人很容易在运动领域中从学生变成老师！

该做的是：保持执行力，越做越好。

只需要帮助职人型的人设定目标，每三个月观察状况，再加点功课，就可以有不错的成效。因为他们在运动时很平静、专注，也抓得到重点。对于运动，他们懂得身脑并用，经常问对问题，也比较愿意深入了解，谨慎且愿意执行，是所有老师乐于教授的学生类型，继续保持就对了！

🔊 KK 小叮嘱：职人型的读者朋友，你们拥有良好的身体使用习惯，所以只要跟随这本书，照着 KK 老师安排的顺序练下来，就会收获翻倍的效果。

／**猎人型（快速变动型）**

猎人型的人大多运动神经发达，初次学习时就很容易上手，能比较快地抓住要领。但对于动作细节较没耐心，他们兴趣多元，不喜欢把时间用在探索单一运动项目上。前三个月身材容易出现显著的改变，也比较容易遇到瓶颈。

可以这样尝试：舍快求慢，正视基础。

快速变动型的人，最常见的就是过度追求运动量，或一停止运动就复胖的情况。请记住：运动量不等于消耗量，如果想要变漂亮，就应正视肌肉锻炼的平衡度。

"求异存同"的运动菜单会让他们觉得有趣，也比较容易坚持。只要在运动菜单中加强核心训练的比重，偶尔放松也不会复胖。

🔊 KK 小叮嘱：猎人型的人可以从本书的提肩胛（第 76 页）和夹腹股沟（第 68 页）开始做起，直接加强核心，启动深层肌群。

农夫型（迟缓变动型）

这种类型的人的口头禅就是："我有肢体障碍啊！"

因为他们想得比较多，也需要较长的摸索时间，但正是因为了解自己的身体反应，才会对自己生气，气镜子中的身体怎么每个动作都做不漂亮，跟别人看起来不一样。

他们是完美主义者！要知道，只要会走路，就不存在肢体障碍这个问题。农夫型的学生，只要设定对目标，就会是一匹追着既定目标奋进的马，而且是黑马。坚持住，熬过最初三个月一定会开启全新的人生，让办公室的同事惊叹："你是怎么变这么漂亮的？"

可以这样尝试：跟自己比，向别人学。

刚开始会经历一段内心不断苦恼的摸索阶段，时刻质疑自己怎么像一只大恐龙，大脑到末梢神经距离这么远，找不到着力点。其实，不用去管外面的杂音，信赖老师和教练的方法，把注意力放在自己每一个小改变上并将其记录下来，就会发现，改变比想象中的大！

📣 KK 小叮嘱：农夫型的人，你可以从这本书的夹小毛巾（第 62 页）和脚踝运动（第 64 页）开始做起，找出身体的稳定端，避开问题，直接到位。

哲学家型（拒绝变动型）

哲学家型的人喜欢探讨胜于执行，他们很喜欢问问题，但提问目的只是需要一个看似合理的解释，以公告世人："不是我偷懒，是各类专家建议我这么做。"

这类人多半纠结于自己的体型，却抱着抗拒尝试的想法，认定自己只能这样、无法改变。其中少部分靠着自己天生外形的优势，以为可以永远维持黄金代谢期，但实际上，体质终究会随着年龄而改变，哲学家型的人需要停止思考，开始行动。

该做的是：放下怀疑，启动身体。

对于第一个月的运动重点，请不要急着提问，先专心认识自己的身体现状。

哲学家型的女生，在自主运动的过程中比较容易放弃。只要慢慢来、用小角度的方式启动身体，一个月后你就会发现自己真的可以改变。

重要的是，不要再问，做就对了！

📣 KK 小叮嘱：哲学家型的人，你可以从这本书的收肋骨（第 72 页）和夹腹股沟（第 68 页）开始做起，只要一出现体型的改变，你就会减少问题，持续往前。

一口气提升基础代谢率

在我的课堂上，常听到女生有这样的烦恼："我真的很想运动，可是每天要加班，实在好难挤出时间啊……"为什么我们常常觉得从办公室走到健身房的路程，比登山还痛苦、比长途旅行还要遥远？我发现这种情况很多源自我们的生活方式，时间过长的上班模式，很难让人每周固定抽出大量的时间去运动。

我观察过 20~60 岁的上班族女性，在繁忙的工作和照顾家庭的重担下，一个星期能空出 2~4 小时做自己的事就已经很幸福了，更何况是用来运动。很多学生和我说，一周可以抽出 1 小时来上课，都已经是需要排除万难的奢侈。

这对于从小练舞、每天都在运动的我来说，乍听感到很惊讶，我无法理解，原来运动是如此奢侈的事情。但随着年龄渐长，看着身边的学生、朋友纷纷投入家庭，自己的工作状态也开始改变，我终于理解，在千头万绪之中，要做到面面俱到是多么困难。

一个星期有 168 小时，就算空出 1 小时来认真运动也只占 1/168。就长远来看，运动量的确是不够的。那怎么办呢？

我看到了大家的烦恼，也思考这些烦恼背后的原因，苦思着有没有更容易的切入点，让运动能更无缝地融入生活之中，不再离大家这么遥远；有哪些更好的方法，可以直接增加日常活动量，让日常生活中的小动作帮忙提升基础代谢率。

如何在这 168 小时中全面增加身体活动量，而不只靠 1/168 的成果提心吊胆？这就是我的小角度运动所强调的，如何让身体的每个细微动作都在调整、都有提升，让每个女生在忙碌的生活中都能面面俱到的小秘诀。

对于原先没有运动习惯的人来说，初期的关键不在于运动量的多少，而是如何启动身体，大幅提升基础代谢率，逐渐养成运动习惯，激活身体的有效活动区域，不再害怕白白浪费精力。

在这本书中 KK 希望大家别只担心运动量，而更要着重姿势，加强训练深层肌群，从而练出优美体态的关键——明星体线。

举例来说，提到芭蕾舞者的体态，大家脑海中都会浮现一个挺拔、优雅的身躯吧！为什么大家觉得 KK 看起来特别挺拔、修长呢？我的小秘诀是——使用身体的顺序，永远都是身体带动四肢。

绝大部分的人在做下意识动作时都是先活动四肢，而非活动身体，长期下来使用的都是惯用的肌群，不常用的肌群就更少被用到，在身体活动范围越来越小的情况下，基础代谢率就变得更低。纤细的四肢很难牵引得动身体这辆大车，这也是为什么芭蕾舞者的动作虽然看似优雅，却可以像超跑引擎一样瞬间加速，使身体高效率地提升代谢率。

"高基础代谢率"意味着：人体在没有活动的状态下，会维持生命所需消耗的最低热量，只要让基础代谢率变高，就连睡觉都会瘦！

而可以提升基础代谢率的方法就是，提升肌肉的占比，降低体脂肪的比例，这样就能拥有"吃不胖的体质"了！

2.2 千克肌肉 VS 2.2 千克脂肪
比较图

每千克肌肉	每千克脂肪
1. 可消耗热量多（75~125 卡路里）	1. 可消耗热量少（4~10 卡路里）
2. 体积小（想象铁块）、体型紧实	2. 体积大（想象棉花）、体型松垮
3. 易瘦体质	3. 易胖体质

为什么某些身体部位老是瘦不下来？那是因为身体已养成惯性，不良姿势改正不了，不该出力的部位不断出力。

因此，想回归根本，应该从矫正坏习惯开始。姿势错误的运动反而容易造成肌肉含量流失，肌肉作用失衡。

在这本书中，我要教给大家的是——如何转变为由身体带动四肢的运动方式，直接一举增加日常活动量，而且能够坚持下去。在日常生活中，通过这一章教授的小角度运动，启动深层肌群，让活动量变大，就可以帮助我们在短期内使代谢率得到惊人的提升。

每天从两分钟开始，每个人都能拥有明星体线和深层肌群。

深层肌群与明星体线

　　大家知道吗？人体的肌肉数量超过了六百。但很多女生常常很疑惑："为什么我一直做腹部训练，腰却没变细呢？"因为不管是腹直肌还是腹内／外直肌的训练，都属于浅层肌肉动作，作用的是容易被肉眼看到动作状态的肌肉群。但大家常常忽略了支撑躯干的深层肌肉——腹横肌，它才是练出隐形马甲、把腰变细的关键。

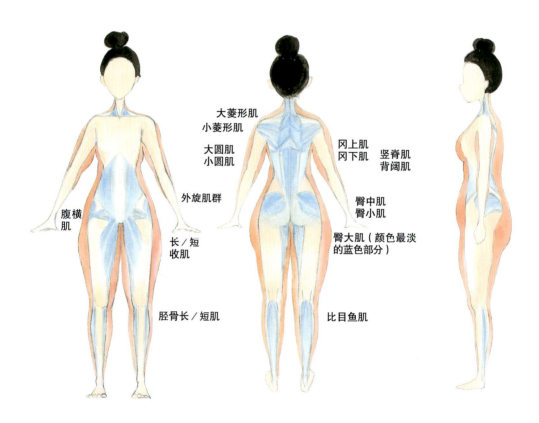

腹横肌

大菱形肌
小菱形肌

大圆肌
小圆肌

外旋肌群

长／短
收肌

胫骨长／短肌

冈上肌
冈下肌

竖脊肌
背阔肌

臀中肌
臀小肌

臀大肌（颜色最淡
的蓝色部分）

比目鱼肌

　　以上图片中帮大家标示出了必须强化的深层肌群。平常因为疏于使用，身体会被外面红色区域所代表的脂肪和肌肉包围，但只要认真锻炼本书的十四个小角度运动，养成正确姿势的习惯，假以时日，每个人都可以唤醒蓝色区域的肌群，拥有不再复胖的好身材。

深层肌群常常被忽略、存在感不高的原因是，需要层层剥开浅层肌肉才有办法看到它们，我们在做动作时，肉眼是看不到它们的。但其主要负责的却是支撑躯干、维持姿势、稳定动作等功能，角色之重完全不容忽视。

你可以观察自己的肩胛骨和骨盆这两大关键部位，看上下半身的深层肌群该怎么强化，这部分请参考第 1 章的十二种体型分类，先从中找出对应体型的运动菜单。

大家可以借助书里设计的十四个动作来练出明星体线，什么叫明星体线呢？请看下图。

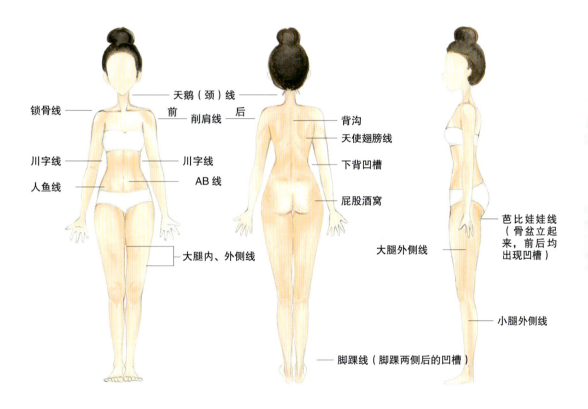

拥有明星体线，代表身体大部分深层肌肉都被均匀地使用着。

练出这十六条体线，就如同把天然的隐形塑身衣和隐形美腿袜一辈子穿在身上。把自己包好包满，从脖子包到脚踝。这就是让你拥有结实肌肉，但看起来苗条、修长的关键。

做对书中的十个基本动作就能够练出其中十五条明星体线。

十五条明星体线又分为**主动浮线**和**被动浮线**。

主动浮线：运动时身体会浮现的线条，用力时会更明显（当姿势不正确或不够用力时，这些线条不会出现或显现得不清晰）。

天鹅线（动作时更明显）

川字线（动作时更明显）

人鱼线

大腿内、外侧线

小腿外侧线

被动浮线：运动时因其他肌群一起作用所带动出来的身体线条。肌群需锻炼至一定程度，才会常驻身体，因此可以通过这些身体线条检视锻炼成果。如果练习一段时间，还是没有出现，就表示动作不够正确。在动作到位的情况下，平均每三个月至少会出现两条以上明星体线。

锁骨线

前削肩线

后削肩线

天使翅膀线

AB 线

背沟

下背凹槽

芭比娃娃线

脚踝线

怎样减少痛苦，真正享受运动？

这是我的方式：

1. 运动时，不把注意力放在"能不能变瘦"上！
2. 告诉自己，只要开始运动就好！
3. 在做每一个动作时，帮身体各部位制定一个小小的目标。
4. 定期记录身体各部位尺寸的变化，并将过程拍照！

　　这个方式会让你清楚看见运动的效果并找到适合自己的运动强度，真正察觉运动为自己身体带来的每一个细微改变，只要看到这些数字、画面，你就会开始享受运动！

　　我知道对于很多人来说，运动真的是相当痛苦的一件事情，好不容易下定决心开始运动，自己却又把目标设定为一个不可能完成的高标准！

　　然后更讨厌运动、更痛恨自己！

　　人生已经很辛苦，找到好方法，就不必为难自己！

找对姿势，启动深层肌群

　　要找到变漂亮的正确姿势，关键在于运动状态下是否能稳定维持身体中心线，而夹小毛巾、提肩胛、收肋骨、夹腹股沟、脚踝运动等便能助你一臂之力。如下图所示，串联四个三角形所代表的颈、肩、腰、臀、腿这五大区域的线就是身体中心线。

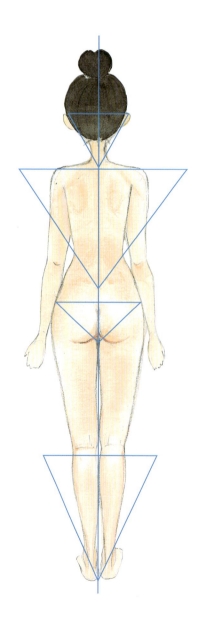 

小角度运动的这十四个动作被分成两部分，第一部分是五大指定区域的针对性运动，第二部分是消水肿运动。当五大区域一起动作时就会有效率地变瘦！一次启动两个部位已经很累，更何况一次启动五个，而消水肿运动则可以在日常生活中帮助我们促进代谢，并提高基础代谢率。

下面来简单介绍蓝色动作固定区和绿色箭头动作区。

蓝色动作固定区

所有标明固定端的区域皆代表——外观上看起来没有明显动作、实际上全程收紧的身体部位。就是控制住——像是把标示的身体部位都沉在水里而不做出明显动作。

绿色箭头动作区：

明确移动的身体部位。

只要持之以恒进行有效练习，一个月后就会逐渐看到身体的改变。

不管什么体型，每个人都有深层肌肉。没有经过锻炼唤醒深层肌肉的身体，隐形塑身衣就会被厚厚的脂肪遮掩住，请借助小角度运动，唤醒深层肌肉，锻炼出明星体线，让隐形塑身衣冲破脂肪层而重现吧！

1
夹小毛巾

基本功

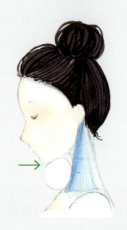

错误示范

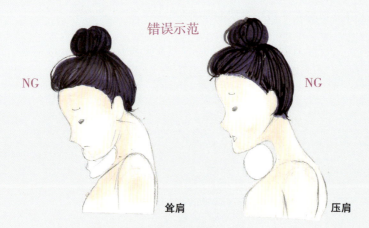

聳肩   压肩

使用工具：坐下后双脚能着实踩地的椅子、一条小毛巾

蓝色动作固定区：肩膀以下到全身（包含锁骨）

绿色箭头动作区：下巴后收

使用肌群：颈夹肌、肩胛提肌、斜角肌

作用：维持颈椎中立位，避免头部前倾，练出天鹅线、锁骨线

步骤：

1. 坐在椅子上，双脚并拢且着地；

2. 将小毛巾折叠成圆筒状（请见动作示范）；

3. 再将小毛巾轻轻夹在下巴下；

4. 全身固定后，第一个八拍时慢慢地将下巴内收，轻数节拍时可以发出声音（注意，此为连续动作，默数，从"一"开始，到"八"结束）；

5. 第二个八拍时，下巴外推，慢慢放松，回到预备位置，该步骤同样为连续动作；

6. 重复步骤 4 与步骤 5，下巴收放算一次，总共做八次。

Tips

1. 动作幅度非常小，外人几乎看不出差异，只有脖子有感觉。

2. 请穿运动鞋或赤脚执行这个动作。

3. 运动全程请务必跟着视频里 KK 的口号和数拍声喊出声音来（至少要气音），以解决换气问题。

2
脚踝运动 / 办公室
基 础

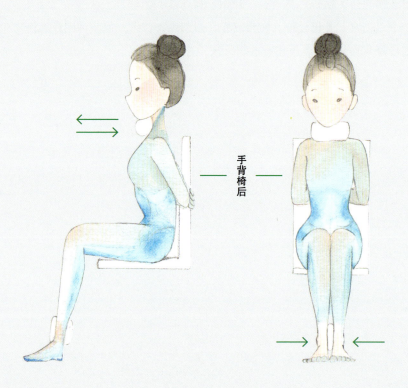

手背椅后

使用工具：坐下后双脚能着实踩地的椅子、两条小毛巾

蓝色动作固定区：肩膀以下到脚踝以上、脚掌和脚跟

绿色箭头动作区：脚踝向内并拢、下巴向后

使用肌群：小腿肌群，包括比目鱼肌、胫骨后肌、胫骨前肌、腓骨长肌、腓骨
短肌

作用：强化比目鱼肌之前的准备运动，先强化内收肌群，让双脚练出稳定的支
撑力，紧实双腿线条

步骤：

1. 坐在椅子上，双脚着地且并拢；
2. 将两条小毛巾分别折叠成圆筒状（请见动作示范）；
3. 再将小毛巾分别轻夹在下巴下方和脚踝内缘；
4. 全身固定后，第一个八拍时慢慢将下巴内收，同时将脚踝轻轻并拢，轻数节拍时可以发出声音（注意：此为连续动作，从"一"开始，到"八"结束）；
5. 第二个八拍时，下巴外推，脚踝慢慢放松，回到预备位置，该步骤同样为连续动作；
6. 重复步骤 4 与 5，下巴收放算一次，总共做八次。

1. 此动作中以无轮椅子为佳。
2. 动作幅度非常小，外人几乎看不出差异，只有脚踝有感觉。
3. 请穿运动鞋或赤脚执行这个动作。
4. 运动全程请务必跟着视频里 KK 的口号和数拍声喊出声音来（至少要气音），以解决换气问题。

3

脚踝运动／居家

进 阶

使用工具：瑜伽抱枕（也可用紧实卷起的瑜伽垫代替）、一条小毛巾

蓝色动作固定区：腰部以下到脚底，锁骨以上到下巴

绿色箭头动作区：腰左右旋转。此动作中，双手为平衡作用

使用肌群：小腿肌群，包括比目鱼肌、胫骨后肌、胫骨前肌、腓骨长肌、腓骨短肌

作用：强化比目鱼肌，练出脚踝线

步骤：

1. 将瑜伽抱枕前后竖放，左脚踩在其右侧最前端，右脚踩在其左侧最末端；

2. 双脚脚尖朝前，脚踝贴近瑜伽抱枕，双腿伸直，臀部回正；

3. 将小毛巾折叠成圆筒状，轻夹在下巴下（请见动作示范）；

4. 挺直上半身，双手向上伸直并紧贴耳侧；

5. 全身固定后，第一个八拍时，慢慢将腰部向左旋转，双手水平打开并与腋下平齐。轻数节拍时可以发出声音（注意：此为连续动作，从"一"开始，到"八"结束）；

6. 第二个八拍时，腰与双手同步慢慢回到预备位置，该步骤同样为连续动作；

7. 重复步骤 4 与 5，来回算一次，总共四次；

8. 左右脚换至对侧站立且腰部向右旋转，再做四次，总共八次。

Tips

1. 初学者一开始只需确认手部动作与视频相同，腰部旋转角度不必勉强，量力而行即可。
2. 请穿运动鞋或赤脚执行这个动作。
3. 运动全程请务必跟着视频里 KK 的口号和数拍声喊出声音来（至少要气音），以解决换气问题。

4
夹腹股沟／办公室

基 础

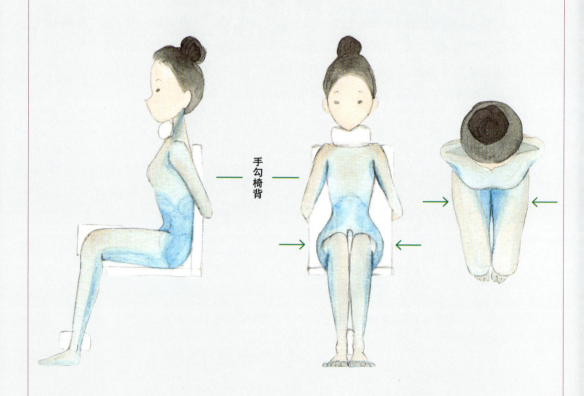

手勾椅背

使用工具：坐下后双脚能着实踩地的椅子、两条小毛巾、一张 A4 纸（O 形腿
请将 A4 纸替换为小毛巾）

蓝色动作固定区：锁骨以下到脚底

绿色箭头动作区：膝盖、大腿中段、马鞍袋肉（大腿外侧）向上至川字腹肌

使用肌群：髋关节旋转肌群、臀中肌（臀部）、臀小肌（臀部）、大收肌（大腿）、
长收肌（大腿）、短收肌（大腿）

作用：强化内收肌群，练出小腿外侧线、大腿内／外侧线、屁股酒窝

步骤：

1. 坐在椅子上，双脚着地且并拢；

2. 将小毛巾折叠成圆筒状（请见动作示范）；

3. 再将小毛巾分别轻夹在下巴下方和脚踝内缘；

4. 膝盖内侧夹上 A4 纸（O 形腿请夹小毛巾）；

5. 全身固定后，第一个八拍时慢慢将下巴内收，同时将大腿慢慢并拢，轻数节拍时可以发出声音（注意：此为连续动作，从"一"开始，到"八"结束）；

6. 第二个八拍时，大腿慢慢放松并回到预备位置，该步骤同样为连续动作；

7. 重复步骤 4 与 5，收放算一次，总共八次。

Tips

1. 此动作以无轮椅子为佳。

2. 动作幅度非常小，外人几乎看不出差异，只有大腿、臀部有感觉。

3. 请穿运动鞋或赤脚执行这个动作。

4. 运动全程请务必跟着视频里KK的口号和数拍声喊出声音来（至少要气音），以解决换气问题。

5

夹腹股沟／居家

进 阶

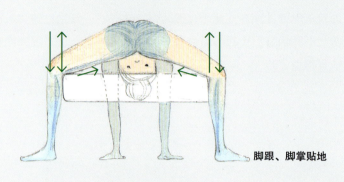

脚跟、脚掌贴地

使用工具： 瑜伽抱枕（也可用紧实卷起的瑜伽垫代替）、一条小毛巾

蓝色动作固定区： 屁股、小腿肚到脚底

绿色箭头动作区： 从膝盖内侧凹槽起，沿着大腿内侧朝腹股沟、臀部稍微向上移动

使用肌群： 髋关节旋转肌群、臀中肌（臀部）、臀小肌（臀部）、大收肌（大腿）、长收肌（大腿）、短收肌（大腿）

作用： 练出下背凹槽、芭比娃娃线、屁股酒窝、大腿内／外侧线、大腿缝儿

步骤：

1. 将小毛巾轻夹在下巴下方（请见动作示范）；

2. 双腿向外打开，半蹲，以膝盖后缘和小腿肚的衔接处夹住瑜伽抱枕；

3. 双手呈外八状撑在地板上，掌心贴地，五指放松，拱背；

4. 全身固定后，第一个八拍时慢慢将臀部向上抬起，轻数节拍时可以发出声音（注意：此为连续动作，从"一"开始，到"八"结束）；

5. 第二个八拍时，臀部再慢慢向下回到预备位置，该步骤同样为连续动作；

6. 重复步骤 4 与 5，上下算一次，总共八次。

1. 动作幅度非常小，外人几乎看不出差异，只有腹股沟、臀部有感觉。

2. 动作全程中脚后跟紧贴地面，背部拱起，掌心位置在肩膀正下方。

3. 请穿运动鞋或赤脚执行这个动作。

4. 运动全程请务必跟着视频里 KK 的口号和数拍声喊出声音来（至少要气音），以解决换气问题。

5. 此动作可缓解生理痛。

6

收肋骨／办公室

基 础

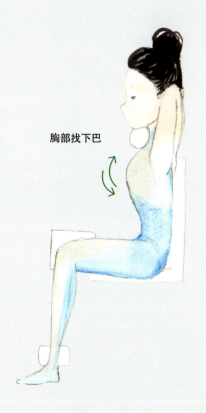

胸部找下巴

使用工具: 坐下后双脚能着实踩地的椅子、两条小毛巾、一张 A4 纸（O 形腿请将 A4 纸替换为小毛巾）

蓝色动作固定区: 肩膀、手、腰部以下到脚底

绿色箭头动作区: 肋骨两边向中间会合

使用肌群: 腹横肌（腹部）、竖脊肌（背部）、多裂肌（背部）

作用: 练出前削肩线、AB 线、川字线、天使翅膀线、背沟

步骤：

1. 坐在椅子上，双脚着地且并拢；

2. 将两条小毛巾折叠成圆筒状，分别轻夹在下巴下方和脚踝内缘（请见动作示范）；

3. 膝盖内侧夹上 A4 纸，双手轻放背后（O 形腿请夹小毛巾）；

4. 全身固定后，第一个八拍时慢慢将胸部朝下巴方向挺起，轻数节拍时可以发出声音（注意：此为连续动作，从"一"开始，到"八"结束）；

5. 第二个八拍时，胸部收回到预备位置，该步骤同样为连续动作；

6. 重复步骤 4 与 5，上下算一次，总共八次。

1. 此动作以无轮椅子为佳。

2. 动作幅度非常小，外人几乎看不出差异，只有胸部和肩膀有感觉。

3. 请穿运动鞋或赤脚执行这个动作。

4. 运动全程请务必跟着视频里 KK 的口号和数拍声喊出声音来（至少要气音），以解决换气问题。

7

收肋骨／居家

进 阶

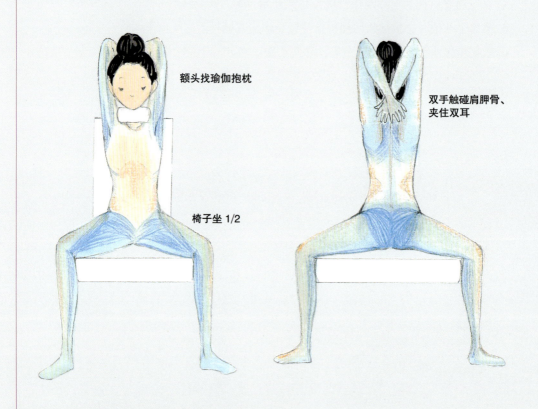

额头找瑜伽抱枕

椅子坐 1/2

双手触碰肩胛骨、夹住双耳

使用工具：坐下后双脚能着实踩地的椅子、一条小毛巾、瑜伽抱枕（也可用紧实卷起的瑜伽垫代替）

蓝色动作固定区：腰部以下到脚底、臀部

绿色箭头动作区：收紧肋骨，使其从两边向中间会合

使用肌群：腹横肌（腹部）、竖脊肌（背部）、多裂肌（背部）

作用：上半身所有明星体线会同时出现

步骤:

1. 坐在椅子上,臀部占 1/2,打开双脚并使其紧贴地面;

2. 将小毛巾折叠成圆筒状,轻夹在下巴下(请见动作示范);

3. 将瑜伽抱枕夹在膝盖后缘和小腿肚衔接处;

4. 双手在空中交叉,向后触碰肩胛骨,手臂贴近耳侧;

5. 全身固定后,第一个八拍时慢慢弯曲上身并贴近瑜伽抱枕,轻数节拍时可以发出声音(注意:此为连续动作,从"一"开始,到"八"结束);

6. 第二个八拍时,上半身慢慢回到预备位置,该步骤同样为连续动作;

7. 重复步骤 5 与 6,上下算一次,总共八次。

Tips

1. 踩地双脚的脚尖保持朝外。

2. 初学者在一开始手臂应尽可能贴近耳侧,动作过程中请保持挺背状态。

3. 臀部全程都要紧贴椅子。

4. 运动全程请务必跟着视频里 KK 的口号和数拍声喊出声音来(至少要气音),以解决换气问题。

8

提肩胛 / 办公室

初 阶

使用工具： 坐下后双脚能着实踩地的椅子、两条小毛巾、一张 A4 纸（O 形腿请将 A4 纸替换为小毛巾）

蓝色动作固定区： 锁骨以下至脚底

绿色箭头动作区： 手

使用肌群： 大菱形肌、小菱形肌、大圆肌、小圆肌、冈上肌、冈下肌、背阔肌

作用： 练出天鹅线、锁骨线、前 / 后削肩线、AB 线、天使翅膀线

步骤：

1. 坐在椅子上，臀部占 1/2，双脚着地且并拢；

2. 将两条小毛巾折叠成圆筒状（请见动作示范），分别轻夹在下巴下方和脚踝内缘；

3. 膝盖内侧夹上 A4 纸（O 形腿请夹小毛巾）；

4. 全身固定后，第一个八拍时手指轻触两侧肩膀，慢慢往后触碰肩胛骨，手臂贴近耳侧，再向空中伸直，轻数节拍时可以发出声音（注意：此为连续动作从"一"开始，到"八"结束）；

5. 第二个八拍时，双手慢慢回到预备位置，该步骤同样为连续动作；

6. 重复步骤 4 与 5，上下算一次，总共八次。

Tips

1. 动作全程中都要夹紧臀部并收紧腹部。

2. 容易腰酸背痛的初学者可以将自己固定在桌椅间再做该动作（请参考第 62 页小毛巾运动视频）。

3. 运动全程请务必跟着视频里 KK 的口号和数拍声喊出声音来（至少要气音），以解决换气问题。

9

提肩胛／居家

高 阶

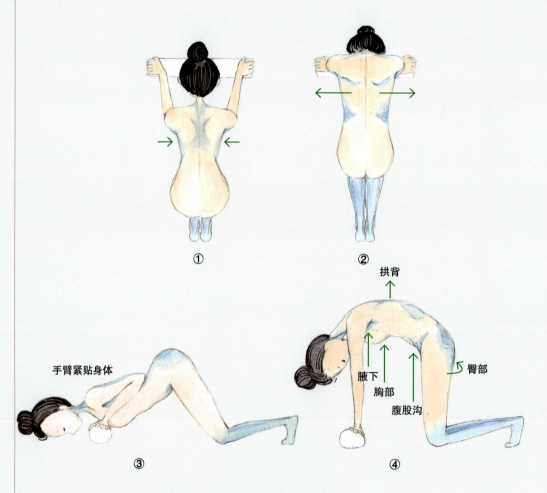

① ② ③ ④

手臂紧贴身体

拱背

腋下
胸部
腹股沟
臀部

使用工具：瑜伽抱枕（也可用紧实卷起的瑜伽垫代替）

蓝色动作固定区：膝盖以下

绿色箭头动作区：腋下、胸部、拱背、腹股沟、臀部

使用肌群：大菱形肌、小菱形肌、大圆肌、小圆肌、冈上肌、冈下肌、背阔肌

作用：练出十六条明星体线

步骤：

1. 前脚掌踩地，双腿并拢跪在地板上，臀部坐在脚跟上（以下为同步动作）；

2. 手掌轻贴在瑜伽抱枕两侧，双臂伸直的同时调整姿势——夹紧臀部、缩紧腹部、拱背；

3. 第一个八拍时，手肘贴近身体，肩胛骨夹紧并缓缓向前推动身体，直至胸部轻靠在瑜伽抱枕上，轻数节拍时可以发出声音（注意：此为连续动作，从"一"开始，到"八"结束）；

4. 第二个八拍时，手肘贴近身体，收腹部的同时拱背，慢慢伸直手肘，将身体撑回到预备位置，一样为连续动作（从"一"开始，到"八"结束）；

5. 重复步骤 3 与 4，上下算一次，总共八次。

 KK 小叮嘱：

　　这是一个高难度动作，初学者在一开始胸部常常会碰不到瑜伽抱枕，或在撑起身体时腰部过度用力才能起来。此动作因难度和风险系数较高，做不到的读者请不要强行尝试，以免受伤，请多练习收肋骨、夹腹股沟这两个动作，三个月后再尝试！

Tips

1. 脚趾抵住地板，避免因滑动而跌倒。
2. 臀部无法坐到脚跟的初学者请尽量贴近即可。
3. 运动全程请务必跟着视频里 KK 的口号和数拍声喊出声音来（至少要气音），以解决换气问题。

10

上身消水肿／办公室

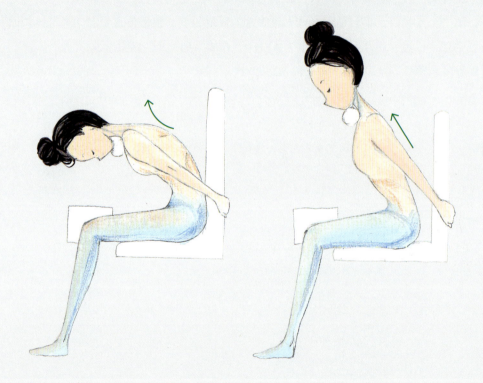

使用工具：坐下后双脚能着实踩地的椅子、两条小毛巾

蓝色动作固定区：腰部以下至脚底

绿色箭头动作区：肩胛骨、背部

体线效果：天鹅线、锁骨线、前削肩线、天使翅膀线、AB 线、背沟

步骤：

1. 坐在椅子上，双脚着地且并拢；

2. 将两条小毛巾各折叠成圆筒状，分别轻夹在下巴下方和膝盖内缘（请见动作示范）；

3. 拱背，双臂伸直并抓住椅背，呈现出低头忏悔的姿态；

4. 全身固定后，第一个八拍时，慢慢挺直上半身，轻数节拍时可以发出声音（注意：此为连续动作，从"一"开始，到"八"结束）；

5. 第二个八拍时，慢慢回到预备位置，该步骤同样为连续动作；

6. 重复步骤 4 与 5，上下算一次，总共八次。

1. 动作时手臂需全程伸直。
2. 不要为了挺胸而翘起屁股。
3. 运动全程请务必跟着视频里 KK 的口号和数拍声喊出声音来（至少要气音），以解决换气问题。

11

上身消水肿／居家

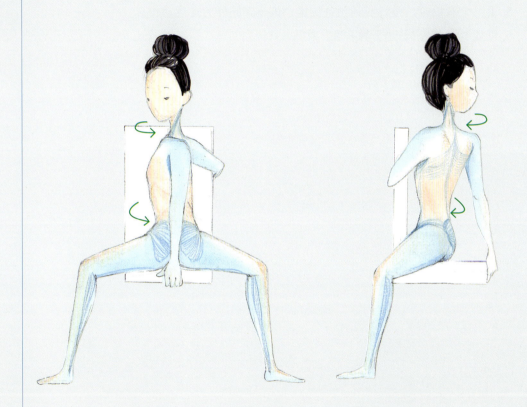

使用工具：坐下后双脚能着实踩地的椅子

蓝色动作固定区：肩膀到手、腰部以下到脚底

绿色箭头动作区：脖子和腰部转动

体线效果：天鹅线、锁骨线、前削肩线、后削肩线、天使翅膀线、背沟、下背
凹槽、芭比娃娃线、人鱼线、川字线

步骤：

1. 双脚打开且紧贴地面，反坐在椅子上，臀部占 1/2；

2. 挺起上半身，右手抓住椅背，左臂伸直并抓住臀部后方的椅面；

3. 全身固定后，第一个八拍时，腰部慢慢向左转，轻数节拍时可以发出声音（注意：此为连续动作，从"一"开始，到"八"结束）；

4. 第二个八拍时，身体慢慢回到预备位置，该步骤同样为连续动作；

5. 重复步骤 3 与 4，来回算一次，总共四次；

6. 换至对侧再做四次，总共八次。

Tips

1. 下巴务必要随着身体转动，初学者的腰部扭转角度不宜过大。
2. 做动作时臀部两边都要紧贴椅面。
3. 运动全程请务必跟着视频里 KK 的口号和数拍声喊出声音来（至少要气音），以解决换气问题。

12

下身消水肿／办公室

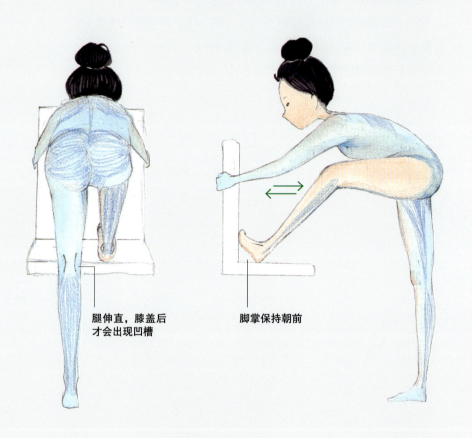

腿伸直，膝盖后
才会出现凹槽

脚掌保持朝前

使用工具：无轮的椅子

蓝色动作固定区：背部、臀部、固定脚

绿色箭头动作区：踩在椅子上且想要伸直的膝盖

体线效果：后削肩线、天使翅膀线、下背凹槽、芭比娃娃线、大腿内侧线、小
　　　　　腿外侧线、脚踝线、人鱼线、川字线

步骤：

1. 左腿伸直并在地上踩稳，双手拉住椅背，弯曲右腿以踩上椅子；

2. 右脚掌抵住椅背，脚跟落在椅面上，保持肩膀放松，直视前方；

3. 全身固定后，第一个八拍时，慢慢伸直右腿并轻数节拍发出声音（注意：此为连续动作，从"一"开始，到"八"结束）；

4. 第二个八拍时，右腿慢慢回到预备位置，该步骤同样为连续动作；

5. 重复步骤 4 与 5，来回算一次，总共四次；

6. 换左边再做四次，总共八次。

1. 踩着地面的那只腿应保持脚尖朝前，动作时需全程伸直。

2. 运动全程请务必跟着视频里 KK 的口号和数拍声喊出声音来（至少要气音），以解决换气问题。

13

下身消水肿 / 居家

使用工具：无

蓝色动作固定区：整个背部、勾脚的腿

绿色箭头动作区：想要伸直的膝盖

体线效果：天鹅线、锁骨线、天使翅膀线、背沟、下背凹槽、芭比娃娃线、大
腿内 / 外侧线、小腿外侧线、脚踝线、AB 线、川字线、人鱼线

步骤：

1. 前脚掌踩地，双腿并拢跪在地板上，臀部坐在脚跟上（以下为同步动作）；

2. 手臂分开且与肩同宽，伸直撑住地板；

3. 右膝跪地，弯曲左膝向上抬起，左脚跟要尽量贴近臀部；

4. 抬起右脚至脚跟完全贴地；

5. 全身固定后，第一个八拍时，慢慢推直右腿，轻数节拍时可以发出声音（注意：此为连续动作，从"一"开始，到"八"结束）；

6. 第二个八拍时，右腿慢慢回到预备位置，该步骤同样为连续动作；

7. 重复步骤 3 ~ 6，来回算一次，总共四次；

8. 换边再做四次，总共八次。

Tips

1. 注意，动作全程中上半身需保持拱背状态。

2. 进行此动作时，支撑腿伸不直也没关系，以脚跟完全贴地为准。

3. 运动全程请务必跟着视频里 KK 的口号和数拍声喊出声音来（至少要气音），以解决换气问题。

14
全身消水肿

收肋骨

收肋骨、拱背

使用工具：一条小毛巾、瑜伽抱枕（也可用紧实卷起的瑜伽垫代替）

蓝色动作固定区：脖子至肩膀、髋关节以下至脚底

绿色箭头动作区：腰部左右旋转。此动作中，双手为平衡作用

体线效果：天鹅线、锁骨线、前削肩线、后削肩线、天使翅膀线、背沟、下背
　　　　　凹槽、芭比娃娃线、屁股酒窝、大腿内／外侧线、小腿外侧线、脚
　　　　　踝、AB 线、川字线、人鱼线

步骤:

1. 将小毛巾折叠成圆筒状并轻夹在下巴下方（请见动作示范）;

2. 双腿打开，半蹲，用膝盖后缘和小腿肚衔接处夹住瑜伽抱枕;

3. 挺直上半身，手臂向上伸直且紧贴耳侧;

4. 全身固定后，第一个八拍时，慢慢将腰部向左旋转，双手水平打开并与腋下平齐。轻数节拍时可以发出声音（注意：此为连续动作，从"一"开始，到"八"结束）;

5. 第二个八拍时，腰与双手同步慢慢回到预备位置，该步骤同样为连续动作;

6. 第三个八拍时要打开双手，向下弯曲身体至双手贴地（注意：此为连续动作，从"一"开始，到"八"结束）;

7. 第四个八拍时，上半身与双手再次同步慢慢回到预备位置，该步骤同样为连续动作;

8. 重复步骤 4 ~ 7，左右、上下算一次，总共四次;

9. 换边再做四次，总共八次。

Tips

1. 进行此动作时，身体五大区域（脚踝、腹股沟、肋骨、肩胛、颈部）全部要同时收紧、不能松开。

2. 初学者务必全程夹小毛巾进行此动作。

3. 运动全程请务必跟着视频里 KK 的口号和数拍声喊出声音来（至少要气音），以解决换气问题。

Part 2

不正确的姿势
是体态崩坏的凶手

第 3 章　上班时也可以偷做的小运动

亚洲社会中，人们工作的时间实在太长了。尤其是女生，如果坐姿、站姿不正确，累积到一定的量，就会三天一小痛、五天一大痛。

姿势不正确就像地基快要垮掉的危楼，外面看起来还像一栋房子，里面已经摇摇欲坠。我常开玩笑说，这些人应该贴个"危楼"的标签。身体内部的骨架已经很歪了却浑然不知，框架扭曲无力，再怎么练肌肉也无法保证形体健康。

因为我们平均工作时间太长，所以很难像欧美人一样，一下班就有时间去运动。这也是为什么我希望大家能每天累积小小的运动量，这样的话，即便你不能天天去健身房，也能够在日常生活中养成拥有完美体态的习惯。

不只要做对运动，KK 更希望你把运动做对。选择适合你的运动，做好做踏实，那么你在办公室的九小时，会像在健身房一样高效而有收获。

这几个小要点，就是让我们身型和姿态看起来有魅力的秘诀。

大家都想要知道，怎么瘦比较快？其实，慢慢来才是瘦下来最快的方式。不要在上班时间只动脑，让身体也动起来吧！

使用深层肌肉的伸展，消除疲劳

一般在工作劳累的时候，我们经常会动动脖子或是甩甩手臂，做一个拉开身体的动作，但这其实没有太大作用。只有充分伸展肩胛骨，才能有效缓解肩颈部位的疲劳感。下巴夹着小毛巾，帮助颈椎先回到中立位。再慢慢地匀速、小幅转动肩膀以伸展，注意动作时不要边晃动头部边移动上肢和手臂。这个方法可以立刻舒缓酸痛、解除疲惫感，这也是舞者平时运用深层肌肉伸展的小诀窍：不着痕迹地由身体大肌群去带动小部位，用躯干带动四肢动作。

记住这些身体小细节，设置闹钟每小时提醒自己动一下，千万别困在办公室的黑洞里，让自己肚子越来越大、体态越来越走样、样貌越来越憔悴，变成 NG 女孩。

边通勤边带动深层肌肉的口诀（必须按照顺序念出）

走路的时候，记得夹臀部、缩腹部、收肋骨、挺胸并放松肩膀（不可以耸肩）。

骑摩托车或开车时，也要记得夹臀部、缩腹部、收肋骨、挺胸。但考虑到行车安全，可以在出门之前先在静止的状态下，把肌肉唤醒后再动作，就像帮自己的身体绑上一个隐形安全带一样。

千万不要行车到一半，才想到要夹臀部、缩腹部，这时身体没办法一起作用，反而会养成坏习惯。

🔊 **KK 小叮嘱**： 记得要搭配平时的十四个小角度运动再做指令练习，才会有成效！

缓解生理期不适的简单运动

姿势正确，就可以改善因久坐造成的便秘和生理期不适。

除了夹臀部、缩腹部，坐着时你还可以在脚下垫一个饮料瓶踩着。这个动作会帮忙伸展小腿的比目鱼肌，让你马上有血液流通、启动身体马达的感觉。在踩饮料瓶之前，记得脚跟要先着地再踩实。

那么，生理期可不可以运动？在我的课堂上，很多学员们分享了她们的小角度运动心得，发现练习夹腹股沟动作 2~3 个月后，不仅经血量变多、出血天数变少，经痛也有所缓解了……这是因为，有力的核心肌群可以帮助改善经痛状况，女性的子宫被包裹在下腹部核心肌肉里，通过提升腹股沟部周围（子宫附近）的肌肉力量，身体对经痛的耐受程度也能一起提升！

因为子宫附近的血液循环变好，所以经痛的状况改善了；腹股沟附近的核心肌群变得有力，肌肉收缩强度和效率在无形中得到提升，所以经血排空的速度相对变快，出血量也会变多！看到出血量变多千万别紧张，经血量基本上是固定的，只是因为肌肉收缩力量变大，把固定量的血液在较短天数内排出来了。

在经期内，小角度运动要挑着做、酌量做、分段做、不硬做。持续强化核心肌群，不但会使经痛日渐远离，还可以得到排便顺畅的附加效果！

第4章

职场美态教学大放送

肢体语言很重要，无论是什么身型的女孩，站直、坐对，就会呈现好看的体态。体态变优美后，进而就能展现出自信的态度，这些也会帮助提升职场表现的魅力分数。下面KK想传授大家几招舞者的肢体小秘诀，使你拥有良好的肢体语言，凡事事半功倍。

除此之外，在办公室场合中难免都有些不顺利的时候，比如气氛很僵，或者身体疲累，心情不愉悦，遇到尴尬情况……在本章，KK也会跟大家分享一些私房小秘籍，只要将其活用为职场上的锦囊妙计，就能让大家游刃有余地展现迷人姿态。

害羞女孩的自信秘诀

人中就是你的秘密武器。

很多人常说，芭蕾舞者看起来好有自信、气场好强，那其实是因为我们从小就被训练要挺起胸腰，用环绕视角展现上半身和眼神。这听起来有些抽象且难以理解，那么KK再换个简单点的说法，就是用人中部位去看人、跟人对话，这个微抬下巴的动作会让你的脖子线条看起来更修长，而且能自然地挺出胸腰曲线。对芭蕾舞者来说，胸腰线条美是个评价很高的赞美语。对于容易紧张、害怕与人对视的女孩来说，用人中视角看人不但不会跟对方直接眼神对视，而且会让自己的眼神看起来比较放松、迷人。

面谈时也能轻松、有魅力

魅力不仅体现在外在的修饰上，还会通过一点一滴的小细节展现出来，同时也为他人带来魅力冲击。

在面谈时想要展现具有亲和感的魅力，请记得以下几步骤。先用人中视角看着对方，这时你会自然而然地挺起胸腰，也就是传说中的"舞者胸腰"，这是舞者看起来十分挺拔的秘诀。在面试之前，先深吸一口气，心里迅速回想一件让你快乐的事情，放松面部表情，下巴朝肩膀方向匀速而缓慢地左右移动，持续两分钟，以唤醒颈部的天鹅线。然后，再使用呈扇形的人中视角帮忙放松视线，这时就算心里很紧张，看起来却是放松、自信的迷人姿态。

意见相左时让肢体藏住不满

有时候是开会时和同事意见不合，有时候是跟老板磁场不对，在办公室，难免遇到剑拔弩张的时刻。如何不着痕迹地拉开距离，防备但又不失亲切礼貌？

其实很多时候，我们的动作反应不过来，是因为身体重心分配不均。移动幅度一旦变大，姿态看起来就更显笨拙。记得提醒自己，这时要在心中默念动作口诀：**夹臀部、缩腹部**，让身体瞬间收紧，就有办法轻巧地转换重心以移动身体，慢慢地脱离现场。在对方没有察觉的情况下，已经保持一定的距离，有足够的时间和空间可以准备进一步的反应动作。

秒速提起精神的秘诀

精神不济的时候，除了夹臀部、缩腹部、收肋骨这三个基本口诀可以让你立刻挺直、有精神之外，也可以用下巴夹着小毛巾，做办公室提肩胛运动。

通常看人的第一眼，视线会聚焦在其脸部，然后是肩膀。松开僵硬的肩胛骨，让身体的活动范围变大，整个人看起来也会比较有精神！

穿高跟鞋一定也要走得美

穿上高跟鞋时，身体的五大区域要在中心线上左右对齐（图示请见第60页），如果要借助高跟鞋提升气势，除了身体五大区域的深层肌群要一起帮忙出力之外

（通过夹小毛巾、提肩胛、收肋骨、夹腹股沟、脚踝运动实现），更要留意自己的脚踝位置！双脚无论是并拢还是张开都要维持中立位，否则不管穿得多美，脚踝位置不正，整体比例就会垮掉，双腿看起来短一截。

从小练芭蕾舞让我养成一个好习惯，只要伸脚就会要求自己维持住压脚背的状态，走路时让脚底重心落在拇趾、二脚趾和中趾这三根脚趾头上。如此，就会直接改善姿势，让小腿深层的比目鱼肌帮忙支撑身体。这也是脚能踩稳且不会让小腿肉结块、肿胀的关键点。强化比目鱼肌，就会出现漂亮的小腿外侧线和脚踝线，穿起高跟鞋来又稳又好看。

走路的预备动作口诀是：夹臀部、缩腹部、内衣扣环处推一下，最后用人中视角看人。走动时，大腿内侧和膝盖内缘要互相经过（轻轻摩擦）。

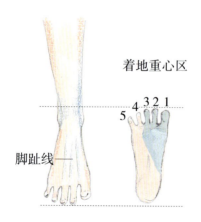

着地重心区

脚趾线——

会议展示的身体练习

做报告前

进入会议室、上台做报告之前，你可以先深吸一口气，下巴朝肩膀方向左右匀速而缓慢地移动各八下，持续两分钟左右，唤醒脖子的天鹅线，再使用呈扇形的人中视角帮忙放松眼神！

口诀：夹臀部、缩腹部、收肋骨、人中视角。

KK 小叮嘱： 如果觉得害羞，也可以先在洗手间偷偷练习几次再出来！

做报告中

如何在做报告时完美地呈现自己的肢体魅力？手部动作很多的人就尽情地去发挥，不要强硬限制自己。只做一半的动作往往会呈现最丑的状态，要做不做的样子是最尴尬的。记住，动作时的手肘位置总是朝向身体，呈内收方向。这样就可以达到架起身体的目的，让体态瞬间看起来修长、有型。

报告过程中当然不方便将动作口诀念出声，但内心还是要记得默念顺序：**夹臀部、缩腹部，伸直双腿**。请记得一定要按照此顺序执行！如果先伸直腿，才想到要夹臀部、缩腹部，那么这时的腿部动作就不是伸直，而是僵直了。

此外，女生看起来姿态漂亮的关键点，就是大量使用深层肌群来动作，手肘方向记得永远朝内，再缓缓往外移动。提醒自己一定要用身体带动四肢来运动。

我喜欢以萨尔萨舞为例说明，之前在纽约和 NY Style 的启蒙老师学习时，他总是对我强调，虽然该舞蹈动作看起来热情奔放，但其实是利用超小角度的骨盆移动完成的，从而能在舞蹈时不着痕迹地把自己的魅力滑进对方的心里。这就是拉丁舞的魅力所在！

这样一说，大家应该知道怎么做了吧！

加码：前一天的练习

可以自己先练习夹腹股沟动作（第 68 页）并大声数拍，在家里预演一遍时，一起检测自己的冷静音频指数。身体没有用对力气（腹横肌）、姿势也不正时，声音听起来一定走调或发扁；声调越冷静厚实，代表你的姿态回正且运动中身体确实在用力。隔天一定能用完美姿态成功出击。

帮体态加分的气味与美妆小秘诀

KK 有一个特别的个人习惯，就是从头发到身体——全身的气味必须一致！

因为深信气味会影响一个人的第一印象，所以我特别调配了自己的专属味道，而且数十年来都是同种香味，不管是认识我的人、课堂同学、第一次合作的对象还是陌生人，在见到我的第一刻都会说："好香啊老师！这是什么味道？"在全真瑜伽（TRUE Yoga）的 **KIMIKO° Studio** 专属教室也飘着同样的味道！这个独特的香味，甚至曾让我接下一个大合作，对方集团负责人告诉我："我很欣赏你对气味的品位，精致是来自对细节的要求，一个连气味都如此细致的人，绝对可以把控质量，这也是我想要合作的对象！"通常大家都是这样形容我的味道：一种清新、带点皂香、闻起来心情会变好的清爽味道！

听起来似乎有点抽象难懂，那么接下来，KK会和大家分享我的独门秘籍。

办公室香水用香秘诀

差点把自己香死的同时也把别人熏退，是在密闭空间中最可怕的情形。

香水都有前、中、后调，也能帮助反映个人特质，在选择办公室等工作场合所用的香氛时，首先要避开会跟个人体味融合并产生不良化学反应的几种味道。体味较重的女孩，在密闭空间中的香水雷区有两个：请尽量避开柑橘等果香、甜质花香调的味道。否则因为体质关系，容易结合体味而出现酸味，再加上汗水的味道的话，旁人会受不了。体味较重的女孩，淡香精会比香水更适合你！

如果是长发女孩，洗发水和沐浴乳要用同系列气味，这样才不会让身上的味道太复杂，建议喜欢擦带香味的身体乳的女孩们不要再喷香水，喷香水前最好使用无香味的身体乳或身体霜。

需要注意的是，香水可以喷在手腕、臂弯、膝盖后方，三处择一即可。如果想加强香味，KK的步骤是先喷在食指上，再轻轻按摩在颈后、耳后、胸部之间！动作时就会飘出若有若无的超迷人味道。

出门前尽可能确认全身上下的香味一致：护肤品、发香、身体乳、香水、护手霜……避免太复杂的香味在身上产生奇怪的化学反应。谨记以上原则，你就会成为让人想靠近的香香女孩。

办公室补妆小重点

如果你的办公室等工作场合多半使用日光灯管，那么比补妆更需要做的是定时补擦防晒。因为斑点是让女人显老的可怕杀手。很多人常问我，为什么摄影棚的灯光这么强，你的脸上却没什么斑点？其实这真的不是因为我个人肤质好，我也只是乖乖执行身为知名皮肤科医师的嫂子的叮嘱，每天认真地补擦防晒乳，然后更仔细地卸妆！

认真隔绝会破坏肌肤组织的紫外线，使用有防晒功能的润色隔离霜作为底妆，在办公桌抽屉中放一瓶矿泉水喷雾、一包纯水湿巾。每2~3小时就将脸部仔细擦拭干净，然后补上隔离霜（避开唇妆、眼妆等部位，在容易长斑的重点部位仔细涂上隔离霜，其他等回家再一起卸掉）。只要认真执行一段时间，你就会看到惊喜。

最后要提醒大家，不是非要化上精致的妆容，看起来光鲜亮丽才叫漂亮，而是要多花精力注重身体的各个小细节，有条理、悉心整理自己，特别关照以下三个决定你办公室美态的关键部位：嘴巴一定要水嫩、手指尖不能脱皮、后脚跟也要好好保养。慢慢你就能成为有质感的精致女孩！

第 5 章 易瘦体质养成法

这个问题分两部分，第一是你为什么想要变瘦？因为工作，我需要长期和各年龄层、各类型女性相处，再加上我是一个女生，所以我发现自己更能"理解"大家所说的"瘦不下来"的真正意思，也就是"为什么我拼命运动的部位居然没有变细"。其实你真心想要的是：身体该细的部位细、该大的地方大。瘦不是一个能够精准描述你的需求的形容词。

第二就是，为什么有些人似乎不怎么运动，却看起来很瘦？

拥有好习惯、让自己长期保持在一个漂亮姿态的人，看起来似乎没怎么做动作，其实动到的地方可并不少。有句话不是这样说的吗？——你必须非常努力，才能看起来毫不费力。

一个漂亮的姿势，从侧面看，必须使颈椎、肩胛骨、肋骨、骨盆、膝盖、脚踝保持在同一条中心线。当身体这几个部位正确落在中心线上时，肌肉的使用量其实非常大。也就是说，必须要启动非常多的肌肉一起作用，才能让这六个点自然而然地在同一条中心线上。姿势正确，体态就很难走样。

易瘦体质要怎么养成？要特别注意肩胛骨和骨盆这两个身体重点部位。因为它们分别负责带动上下半身肌群，也是支撑正确姿势的两大关键点。当身体姿势正确，活动量增加，就会拥有漂亮的体态，同时看起来也较瘦。

提醒大家不要把错怪到骨架上！就算骨架再漂亮的人，也会因为姿势不正确而变得虎背熊腰或米其林外形。那真的不是骨架的错，多半也跟骨架大小无关！而是因为姿势不正确，导致肌肉无力，也就没办法使其成为你的隐形塑身衣。

二十五岁、三十五岁、四十岁，面对体态变化的三大阶段

KK 要告诉大家：不管什么体型的女孩，在二十五岁、三十五岁、四十岁之后，都会面对身体机能的不同分水岭。就算你原本是没有体型烦恼的幸运女孩，

但时间是公平的，到一定年龄之后，靠着基因良好、宛如中乐透般的身体机能也会因老化而突然变胖、变干瘦、气色不好，并使你因此感到沮丧。

我们必须要正视每个阶段的身体变化，因为二十五岁之后的身体已经开始受不了吹气球式或是橡皮筋式的激烈拉扯了。KK 常在讲座中跟大家提一件事：**身体没办法承受一再的折腾，超过三次的过度减肥、复胖，身体机能基本上就已经很难恢复正常了！不要为了一星期的表面美丽而承受一辈子的垮台身躯！**

二十五岁后健康资本开始流失，不爱惜身体只会加速耗损。三十五、四十岁的女性面对身体变化的心态则要放轻松。在已经比较了解自己状态、特质时，微幅调整比剧烈改变更适合你们。找出身体在各阶段的不同需求，**不只冻龄，而且还能养成比以往每一年都更优秀的减龄美态。**

如何吃出易瘦体质？

首先，不能断餐，三餐都要吃。人体总热量消耗的65%～70%就是基础代谢率。不要只在意体脂肪，我们更需关注内脏脂肪，因为内脏脂肪直接危害健康，造成内分泌混乱。

一天吃三餐，你的基础代谢率才会维持在基本分以上。

我本身也是外卖一族，工作时间不固定。但我一定会避免一道饭菜就打发一餐的选择，例如：炒饭、炒面、咖喱饭、意大利面、烩饭、汤面……三餐饮食均衡，才能够摄取不同的蔬菜纤维营养、碳水化合物……摄取充足的蛋白质和食物纤维，消化时间增加，身体的消耗量就会提升，基础代谢率从而提高。对于外卖一族来说，菜色选择多样化的自助餐可以说是我们的好朋友！

内脏脂肪跟饮食有较为直接的关系。我会建议女孩在运动之外，也要注意饮食均衡。我的好友兼功能性医学营养师林佳静发明了 4321 黄金餐盘饮食原则，下面将提供给大家作为参考：

4 是指将一餐总分量（水果除外）分成四等份。

3 是指其中有三等份来自植物性食材。

2 是指 3 的植物性食材中，包含两样深色蔬菜，同时还有一等份未经精制加工的全谷根茎类。

1 最后一等份是奶、蛋、鱼、肉、毛豆，黑豆及黄豆类制品，一餐中动物性及植物性蛋白质最好来源各半。

日常三餐后都需要吃一份水果，一天最好摄入三种不同的水果。

一餐需有两种富含蛋白质的饮食来源，最好动植物皆有。营养均衡，才能够启动充沛体力，帮助脂肪燃烧，恢复年轻的新陈代谢，吃出自然精瘦的好体质。佳静老师的"4321黄金餐盘饮食原则"和KK老师的"小角度运动"，重点都在"简单开始、容易实行"。在无须大幅改变目前生活状态的前提下直接养成好习惯，即便是懒女孩，只要在生活中落实这两个方法，也能朝健康、精瘦美态迈进一大步。

咖啡因是易瘦体质的杀手

除了要养成易瘦体质，也要避免养成易胖体质。林佳静老师说："压力，就是令人发胖的原因之一。"压力会导致肾上腺皮质醇分泌变得混乱。如果长时间处在高肾上腺皮质醇的状态，会使得肌肉分解、血糖上升、胰岛素阻抗性变强。

而现代生活中许多人有早上开工来杯咖啡醒醒脑的习惯。要小心！这可能就是你瘦不下来的原因！胡乱喝咖啡会让血液中肾上腺皮质醇处于高浓度状态，造成腹部脂肪堆积，成为恶性循环的根源。只要200毫克的咖啡因就能让体内的"压力荷尔蒙"水平增加30%，所以要是喝咖啡没有节制，肾上腺皮质醇一直处于高浓度状态，脂肪就会容易囤积。而因为腹部的脂肪组织有许多的皮质醇接收器，所以更容易造成内脏脂肪堆积。紊乱且没有规律的皮质醇，还会造成内分泌失调。

还有不少人说，喝咖啡可以刺激排便，但这就跟药物性刺激一样，与正常健康饮食形成的肠道蠕动是不同的。因此，如果想要养成易瘦体质，咖啡、茶要喝得有所节制，这样才不会造成咖啡因依赖，也才不会在其进入身体后形成恶性循环！

易胖女孩的注意事项

很多人会焦虑，没运动或一旦停止运动，容易复胖的话怎么办？

这样说吧，如果大部分的时间都只固定使用习惯的某部分肌群，其他肌群紧绷、僵硬又无力，你的运动量很有可能不等于消耗量，更和活动量不成正比，因为你没有把肌肉精英部队（深层肌群）一起唤醒来动作。但如果现在开始学会转换肌肉使用模式，由深层肌群带动身体，让自己一天 24 小时都处在运动状态，就不再有复胖的忧虑！问题不是运动的多少，而是动作的模式！

易胖女孩常常说自己瘦不下来，其实没那么难，大多是因为身体基础不好、饮食营养不对、运动习惯不佳。改变的第一步是要先调整姿势、改正坏习惯，然后在动作时一定要由身体带动四肢，如此才能有效率地变瘦。

现在大家常常会担心，运动量过高会不会变壮（大只）？不要害怕肌肉！肌肉的收缩模式才是影响外观的关键点！

这就是我们舞者的秘密！注意深层肌肉的锻炼，就可以外柔内刚（内部肌肉强壮，但外部肌肉线条细长）。硬肉不等于肌肉！如果一开始运动就练出硬肉的人，那锻炼方式一定出了问题，因为正确的训练模式会让身体里应外合，肌肉充满弹性！你要选择的应是符合个人喜好的肌肉外观。

如何解决水肿或体脂过高

以姿势来说，造成水肿的原因有三个：肌肉弹性不足、肌肉力量不足、活动量不足。水肿就好比身体的警示灯。

我们可以把肌肉想象成人体的抽水马达，马达通畅了，身体就不容易水肿。解决水肿的方法有三个：一是规律运动，让肌肉得到一定程度的锻炼；二是保持肌肉柔软度，身体不能太紧绷；三是姿势要正确。这三点都做到，你就不容易水肿。即便是微微水肿，旁人也看不出来。

说到体脂肪，很多女孩会有体重秤数字的困扰，但我的建议是，数字当过眼云烟，看看就算，因为决定你的外观体态的是肌肉与脂肪的占比，而不是体重秤上的数字。但你可以借此观察自己的运动方式是否正确，饮食是否过度放纵。运动三个月后，体脂肪若没有明确变少，那就说明你的运动量与活动量不成正比，需要改变运动方式。

那为什么 KK 老师的运动只需每天两分钟，持续做，就可以减少体脂肪呢？

这不是奇迹，而是一个累积的观念。

达到目标有三个前提条件：

1. 确认目标。

2. 容易实行。

3. 觉得有能力做到。

先让自己愿意马上开始，就已经成功一半！其次，要知道一件重要的事：体脂肪分布在全身，而不是单一部位。而小角度运动的秘诀就在于，均匀启动全身最大范围的深层肌群，有效提高活动量，稳定、均匀地减脂！活动量越大，减肥的效果相对越好。

 KK 小叮嘱：放松肩胛骨和骨盆，避免水肿。

水肿就像身体的警示灯。姿势是否正确？上半身主要看肩胛骨，下半身主要看骨盆。若其中任何一个环节出了问题，就可能会导致循环变差，造成水肿问题。因此不仅需要让眼睛休息，在办公室久坐或因工作久站，每隔一小时也要活动一下。动动上半身和下半身，这两个关键部位有了活动量，循环变好，就能缓解水肿问题！

第6章 网友热搜日常美态二十问

{ 运动成效的疑惑 }

Q：为什么我做了腿部训练，裤子反而变紧了？

A：别紧张，首先要看裤子变紧的是哪里。如果是裤子的上缘变紧了，臀部下缘变松了，大腿内侧腹股沟处变松了，就代表你的腿部训练完整且都很到位，也表示深层肌和浅层肌都有锻炼到。

　　如果是因为大腿前侧、大腿内侧，膝盖上缘外凸而让裤子变紧，就说明在运动时，你没有用身体带动四肢，而是用细细的四肢牵动身体。如果希望腿看起来细，运动时应该同时启动身体其他部位的肌肉，而不能只动大腿。特别是没有运动习惯的人，腿本来就已经因身体而加压负重了，再去操练它，一定会变得更厚。你所要做的应该是锻炼全身深层肌群，拉出明星体线，这样一来，该细的部位就会变细。提醒大家，增加肌肉和代谢体脂是两回事，一味增肌却没有减少体脂，外观看起来当然会更壮。

Q：只要持续运动，我就可以塞进零号尺寸的衣服吗？

A：同样是零号，欧美和日本的标准就对应不同的版型和体态。你想要的是"看起来"苗条的身体，还是要能塞进零号、肉却到处溢出来的身体？

　　请不要过分在意衣服尺寸、体重数字，这些只是安慰自己变瘦的假象，把重点放在练出锁骨线、天鹅线、天使翅膀线……只要拥有这些明星体线，视觉上看起来就是一个修长、纤细又有柔和曲线的体态，只要看起来薄、窄、紧、身材好，根本就不必在乎尺寸大小。

Q：我都不敢运动，要是流汗出来不舒服怎么办？

A：不要害怕流汗，完全不流汗和过度流汗都是体内循环不好的警钟。这才是你该留意的事。

　　身体僵硬还坚持运动的流汗方式是过度流汗，这样的流汗方式当然不舒服，也说明运动时的姿势不正确。

　　如果你完全不流汗，则代表体内循环不够顺畅，就应该运动啦！

Q：如果我想要加速减重，可以从每天运动两分钟增加到两小时吗？

A：想要加速减重的人，首先需要加强的是姿势调整。其次要注重的是体脂肪的减少、身体年龄的降低，而不单指体重的减少。姿势不正确的话，运动再久都不会有效果。如果没有专业运动员的身体优势，与其勉强增加运动量，不如在日常生活中增加活动量，把姿势调正，从而达到有效率的减重。另外就是按照书中帮大家设定的运动，对应十二种体型由大到小（从躯干到四肢）开始运动。假如你是丸子臀女孩，那就按照提肩胛、收肋骨、夹腹股沟的顺序进行练习，但若时间不够，无法做完三组，至少要从第一组开始练习，不可以跳着练。而如果你同时是 O 形腿，想要顺带锻炼腿部线条，那么运动菜单应是：脚踝运动、提肩胛、夹腹股沟和收肋骨。躯干动起来，四肢就会跟着受到影响，所以不管怎么练习，都应先从身体的大范围开始运动，顺序很重要，千万不要忘记！

Q：通过小角度运动可以减少副乳、使胸部变大吗？

A：老实说，胸部是不固定脂肪，尺寸也是与生俱来，没办法通过运动或增重得到你想要的胸部脂肪。不过，借助提肩胛、收肋骨这两个练习，可以让你的胸型更集中。同时，在你原本的尺寸基础上，将胸部上提，视觉上看起来就有变大的可能。我不会告诉你，小角度运动可以从 A 罩杯到 C 罩杯，但是从 A 罩杯变成 A+ 满杯是有可能的！至于副乳，它常是因姿势不良和肥胖造成，你就更需要通过小角度运动来调整姿势，改善副乳问题了。

Q：好想吃甜点哦……甜食真的这么可怕吗?

A：甜点真是女生的好朋友，与其一味地忍耐、忌口，最终一次性爆发，倒不如选择相对适合的甜点。避开慕斯蛋糕，而选择有咀嚼感的戚风蛋糕，用降低罪恶感的方式找到幸福感。

这里要特别提醒大家，还有一个隐藏版敌人——手摇饮料。我们都知道糖类跟老化的关系，那么就更应该尽量避免含糖量过高的饮料。因为血糖值若在短时间内急速上升，就会想要摄入更多的糖分。而忽高忽低的血糖值，会导致情绪起伏过大。所以当吃甜点时，就是吃甜点，而非喝甜饮。在解馋的同时，避开食欲大增的可能。

Q：减肥的人不能喝酒吗?

A：这样说吧，酒精会导致身体机能沉睡。想想，肝脏若沉睡了，就不能分解脂肪。一杯 350~500 毫升的酒精饮料，会让你的肝脏沉睡至少 1 小时。如果你跟KK 一样无法戒酒（我也是普通人，也有个人小喜好），请控制饮用量。一周只挑两天喝，避免天天喝。这样，一周中还有五天的代谢率是维持在正常状态。喝酒的那两天，就放轻松吧!

不过，如果想要十六条明星体线全部浮出，请禁止喝酒。

Q：宿醉的解决之道?

A：早上起床可以吃一颗维生素 B 族，或富含维生素 B 族的食物（如：煮一碗热腾腾的黄豆芽蔬菜豆腐蛋花汤），然后做全身消水肿运动。寻求解决宿醉的运动方式，要特别留意以下三点：小角度、速度缓慢和伸展性，因为这时身体平衡会变差。多喝水，慢慢地唤醒身体。

Q：一天中的最佳运动时间是？

A：不同的运动方式有各自合适的时间段，主要看你的目的是什么。在这本书中，我猜大家想知道的是，对于减肥来说，什么是最佳运动时间。其实，在姿势正确、肌肉活动量增加的前提下，一天二十四小时就都相当于在活动了。最重要的是，不要在睡前从事过于剧烈的运动，对于减肥的人来说，睡眠质量也是其中很重要的一环！

Q：有人说生理期不适合运动，KK 怎么看？

A：KK 为本书所设计的小角度运动，适合每天坚持去做。但如果你没有长期运动的习惯，请先避开生理期大量出血的那两天。详细说明可参考"缓解生理期不适的简单运动"部分（第 93 页）。

Q：身体很累的时候，该运动吗？

A：首先要了解为什么自己身体很累。是来自心理还是生理？如果是受心理因素影响，可以参考"使用深层肌肉的伸展，消除疲劳"部分（第 92 页），因为生理变化也可以影响心理，当僵硬的肌肉通过拉伸获得舒缓后，心情也能得到适当调整；如果是受生理因素影响，可能是因为长期积累的不良姿势习惯，在身体无力、没有深层肌肉支撑的情况下，长时间僵硬维持某个姿势，身体当然会不堪重负。这时最应该做的就是好好休息，别硬撑着运动。

Q：如果有重大场合出席而需要快速塑形的话，该怎么做？

A：买件剪裁良好的衣服，再拿给裁缝微调，在视觉上马上就可以得到瘦好几公斤的效果。你没有必要为了一次场合而伤害自己的身体。如果你提早知道会出席重要场合，那么可以每天做夹小毛巾和脚踝运动，露出来的脖颈和脚踝会让你的身体显得纤细，而出门前再做消水肿运动，也可以得到临时抱佛脚的效果。当然，前一天应注意忌口，避开重口味、酒精、炸物类，也可以预防身体在短时间内发生水肿。

{ 有关新陈代谢 }

Q：如何检查自己有没有水肿？

A：通常来讲，每日基础代谢率低于 1 100 或 800 就是不太妙的状态。你可以在每天早上或晚上的固定时间去量体脂。虽然人体组成相同，但多少会有差异值。所以不用执着于数字，重点在于，清楚知道自己与健康范围的差距，自己有没有持续在进步？跟自己比，这样最好！

Q：肥胖纹、妊娠纹和生长纹有可能通过小角度运动缓解吗？

A：运动可以缓解肥胖纹、妊娠纹和生长纹，但效果因人而异，我必须诚实地告诉你们，这些纹路跟每个人的体质有关系，通过运动可以改善深浅度，让纹路变浅，但是目前没有任何办法可以绝对保证让纹路完全消失。

Q：年纪大了，新陈代谢变慢怎么办？胶原蛋白一直在流失，好心慌啊！

A：增强肌肉量、增加活动量是唯"二"法门。年纪大了，其实更应该怕骨质流失，否则深层肌肉没力，会加速身体垮掉。至于胶原蛋白的流失，别怕！立刻开始做小角度运动！强化主管身体姿势的深层肌肉，身体变挺，姿势变好，皮肤也会跟着提拉、恢复弹性。

Q：遇到瓶颈，瘦不下来该怎么突破？

A：如果认真练小角度运动，就不容易遇到停滞期的问题。因为深层肌肉主要负责支撑身体，当深层肌肉够有力，就不会有外部肌肉训练过度所造成的失衡问题。里外肌肉达到平衡的状态，就能够一起带动身体，突破瓶颈期。

{我的姿势对吗}

Q：如何用呼吸搭配小角度运动？

A：建议不管初学者、入门者或是运动达人，在运动的时候都要发出声音。这样你可以借此知道自己的换气长度，观察自己是否有憋气的状态。重点是要"持续发出声音"，断断续续就代表呼吸没有在固定频率上。

如果觉得在办公室发出声音实在很害羞，那就以小声的气音代替吧！

Q：到底可不可以跷二郎腿？

A：对所有人来说，长期跷二郎腿都是伤害身体结构的姿势。特别是对没有运动习惯、运动量不够、过瘦的人来说，更是严重的伤害。如果你是牛仔臀女孩，它会让臀部走形，比其他体型更没有跷二郎腿的资格。而核心够强的人，伤害则会较小。

所以这也是本书所要告诉大家的：姿势很重要。姿势是长期积累的结果，尽管一时半刻看不到错误姿势的危害性，但要真的等看得出来，就代表状况很严重了。

Q：为什么有些人没怎么运动却很瘦？

A：除了基因的关系之外，也能看出来他们的姿势比较挺拔，让自己处在大部分肌肉一起用力的状态，所以整个人是呈现收紧而非松散的状态。

因此，有意识维持姿势的人，肌肉消耗量较大，体态也不太会走样。这本书就是教你如何锻炼日常姿势中需要运用到的部位。只要保持好姿势，认真练习书中的十四个小角度运动，再搭配 4321 黄金餐盘饮食原则，你也可以让别人误以为你是个没怎么运动的瘦子。

后记

我出过三本畅销运动书，60% 的人还是很好奇，一个舞蹈老师，是怎么成为 **KimiBarre** 的创办人 **KIMIKO** 的？

其实一切都是因为意外。

我曾因为"比例不漂亮"，当着大家的面被赶出纽约的舞蹈教室！

也曾因为在镜头前"肌肉太发达，外观比例不好，看起来不够瘦"而被不断嫌弃，甚至丢了部分演艺工作。

但身为舞蹈老师、每天都要教课的我不可能为了要变瘦而选择不吃饭、不锻炼肌肉。

于是我开始思考并着手设计一种既能平衡肌肉外观比例又能得到美丽曲线的运动方式。后来也因为各明星的口耳相传，逐渐地演变成一套完整的生活方式。

我们都希望成为别人心中的完美女人，后来也都发现，设定条件就可以在网上搜寻出来的那些标准，我们好像都不太符合。

所以总是害怕、担心自己不够好，那么如何不再去跟别人比较，找出自己的优势，做出适合的选择？这些就是我在这本书中想帮助大家做到的。

对于还不清楚自己哪里好看的人，需要有人提供一个明确目标和理想身体的比例尺，让她知道做什么和怎么做，就可以按照步骤，慢慢开始变好看。

而知道自己哪里好看的人，需要有人提供一个基本分以上的框架和更精准的微调，让她知道不能做什么和做什么不能更加分，也就可以根据自己的身体优势，变得更好看。

即将四十岁的这一年，对于如何放大自己的优点，了解自己的身体，欣赏自己的一切，进而成为更好版本的自己。我逐渐摸索出了独家美态方程式并整理成一套完整的系统。

谢谢出版机构，和我一起，成人之美。

kk

★

#*KIMIKO*说#

三十五岁以后，我特别注意几件事：

1. 大衣、鞋子质感要够好。

2. 衣服不能皱巴巴穿出门。

3. 毛孔不能大，皮肤要保养。

4. 发型很重要，发质要维护。

5. 持续运动，就算没有青春，至少要留住青春的肉体。

6. 每星期看一本书，保持阅读的习惯。

7. 与人为善，放下自己也放过别人。

8. 不再追求完美，专注于成为更好版本的自己。

附录

我的小角度
运动笔记

我的理想小角度

1. 身高_____

2. 体重_____

3. 年龄_____

4. 体脂_____

5. 代谢率_____

6. 肩宽_____

7. 大臂围 左_____ 右_____

8. 胸宽_____，围_____

9. 胸下围_____

10. 颈围_____

11. 大腿围 左_____ 右_____

12. 小腿围 左_____ 右_____

13. 脚踝围 左_____ 右_____

年　　　　月　　　　日　　　　数据

1. 身高 _____
2. 体重 _____
3. 年龄 _____
4. 体脂 _____
5. 代谢率 _____

6. 肩宽 _____
7. 大臂围 左 _____ 右 _____
8. 胸宽 _____，围 _____
9. 胸下围 _____
10. 颈围 _____

11. 大腿围 左 _____ 右 _____
12. 小腿围 左 _____ 右 _____
13. 脚踝围 左 _____ 右 _____

年　　　　月　　　　日　　　　数据

1. 身高 _____
2. 体重 _____
3. 年龄 _____
4. 体脂 _____
5. 代谢率 _____

6. 肩宽 _____
7. 大臂围 左 _____ 右 _____
8. 胸宽 _____，围 _____
9. 胸下围 _____
10. 颈围 _____

11. 大腿围 左 _____ 右 _____
12. 小腿围 左 _____ 右 _____
13. 脚踝围 左 _____ 右 _____

年　　　　月　　　　日　　　　数据

1. 身高 _____
2. 体重 _____
3. 年龄 _____
4. 体脂 _____
5. 代谢率 _____

6. 肩宽 _____
7. 大臂围 左 _____ 右 _____
8. 胸宽 _____，围 _____
9. 胸下围 _____
10. 颈围 _____

11. 大腿围 左 _____ 右 _____
12. 小腿围 左 _____ 右 _____
13. 脚踝围 左 _____ 右 _____

年　　　　月　　　　日　　　　数据

1. 身高 _____
2. 体重 _____
3. 年龄 _____
4. 体脂 _____
5. 代谢率 _____

6. 肩宽 _____
7. 大臂围 左 _____ 右 _____
8. 胸宽 _____，围 _____
9. 胸下围 _____
10. 颈围 _____

11. 大腿围 左 _____ 右 _____
12. 小腿围 左 _____ 右 _____
13. 脚踝围 左 _____ 右 _____

年　　　　月　　　　日　　　　数据

1. 身高 _____
2. 体重 _____
3. 年龄 _____
4. 体脂 _____
5. 代谢率 _____

6. 肩宽 _____
7. 大臂围 左 _____ 右 _____
8. 胸宽 _____，围 _____
9. 胸下围 _____
10. 颈围 _____

11. 大腿围 左 _____ 右 _____
12. 小腿围 左 _____ 右 _____
13. 脚踝围 左 _____ 右 _____

年　　　　月　　　　日　　　　数据

1. 身高 _____
2. 体重 _____
3. 年龄 _____
4. 体脂 _____
5. 代谢率 _____

6. 肩宽 _____
7. 大臂围 左 _____ 右 _____
8. 胸宽 _____，围 _____
9. 胸下围 _____
10. 颈围 _____

11. 大腿围 左 _____ 右 _____
12. 小腿围 左 _____ 右 _____
13. 脚踝围 左 _____ 右 _____

年　　　　月　　　　日　　　　数据

1. 身高 _____
2. 体重 _____
3. 年龄 _____
4. 体脂 _____
5. 代谢率 _____

6. 肩宽 _____
7. 大臂围 左 _____ 右 _____
8. 胸宽 _____，围 _____
9. 胸下围 _____
10. 颈围 _____

11. 大腿围 左 _____ 右 _____
12. 小腿围 左 _____ 右 _____
13. 脚踝围 左 _____ 右 _____

年　　　月　　　日　　　数据

1. 身高 _____
2. 体重 _____
3. 年龄 _____
4. 体脂 _____
5. 代谢率 _____

6. 肩宽 _____
7. 大臂围 左 _____ 右 _____
8. 胸宽 _____，围 _____
9. 胸下围 _____
10. 颈围 _____

11. 大腿围 左 _____ 右 _____
12. 小腿围 左 _____ 右 _____
13. 脚踝围 左 _____ 右 _____

年　　　月　　　日　　　数据

1. 身高 _____
2. 体重 _____
3. 年龄 _____
4. 体脂 _____
5. 代谢率 _____

6. 肩宽 _____
7. 大臂围 左 _____ 右 _____
8. 胸宽 _____，围 _____
9. 胸下围 _____
10. 颈围 _____

11. 大腿围 左 _____ 右 _____
12. 小腿围 左 _____ 右 _____
13. 脚踝围 左 _____ 右 _____

年　　　月　　　日　　　数据

1. 身高 _____
2. 体重 _____
3. 年龄 _____
4. 体脂 _____
5. 代谢率 _____

6. 肩宽 _____
7. 大臂围 左 _____ 右 _____
8. 胸宽 _____，围 _____
9. 胸下围 _____
10. 颈围 _____

11. 大腿围 左 _____ 右 _____
12. 小腿围 左 _____ 右 _____
13. 脚踝围 左 _____ 右 _____

年　　　月　　　日　　　数据

1. 身高 _____
2. 体重 _____
3. 年龄 _____
4. 体脂 _____
5. 代谢率 _____

6. 肩宽 _____
7. 大臂围 左 _____ 右 _____
8. 胸宽 _____，围 _____
9. 胸下围 _____
10. 颈围 _____

11. 大腿围 左 _____ 右 _____
12. 小腿围 左 _____ 右 _____
13. 脚踝围 左 _____ 右 _____

年　　　月　　　日　　　数据

1. 身高 _____
2. 体重 _____
3. 年龄 _____
4. 体脂 _____
5. 代谢率 _____

6. 肩宽 _____
7. 大臂围 左 _____ 右 _____
8. 胸宽 _____，围 _____
9. 胸下围 _____
10. 颈围 _____

11. 大腿围 左 _____ 右 _____
12. 小腿围 左 _____ 右 _____
13. 脚踝围 左 _____ 右 _____

年　　　月　　　日　　　数据

1. 身高 _____
2. 体重 _____
3. 年龄 _____
4. 体脂 _____
5. 代谢率 _____

6. 肩宽 _____
7. 大臂围 左 _____ 右 _____
8. 胸宽 _____，围 _____
9. 胸下围 _____
10. 颈围 _____

11. 大腿围 左 _____ 右 _____
12. 小腿围 左 _____ 右 _____
13. 脚踝围 左 _____ 右 _____

年　　　月　　　日　　　数据

1. 身高 _____
2. 体重 _____
3. 年龄 _____
4. 体脂 _____
5. 代谢率 _____

6. 肩宽 _____
7. 大臂围 左 _____ 右 _____
8. 胸宽 _____，围 _____
9. 胸下围 _____
10. 颈围 _____

11. 大腿围 左 _____ 右 _____
12. 小腿围 左 _____ 右 _____
13. 脚踝围 左 _____ 右 _____

年　　　月　　　日　　　数据

1. 身高 _____
2. 体重 _____
3. 年龄 _____
4. 体脂 _____
5. 代谢率 _____

6. 肩宽 _____
7. 大臂围 左 _____ 右 _____
8. 胸宽 _____，围 _____
9. 胸下围 _____
10. 颈围 _____

11. 大腿围 左 _____ 右 _____
12. 小腿围 左 _____ 右 _____
13. 脚踝围 左 _____ 右 _____

年　　　月　　　日　　　数据

1. 身高 _____
2. 体重 _____
3. 年龄 _____
4. 体脂 _____
5. 代谢率 _____

6. 肩宽 _____
7. 大臂围 左 _____ 右 _____
8. 胸宽 _____，围 _____
9. 胸下围 _____
10. 颈围 _____

11. 大腿围 左 _____ 右 _____
12. 小腿围 左 _____ 右 _____
13. 脚踝围 左 _____ 右 _____

年　　　月　　　日　　　数据

1. 身高 _____
2. 体重 _____
3. 年龄 _____
4. 体脂 _____
5. 代谢率 _____

6. 肩宽 _____
7. 大臂围 左 _____ 右 _____
8. 胸宽 _____，围 _____
9. 胸下围 _____
10. 颈围 _____

11. 大腿围 左 _____ 右 _____
12. 小腿围 左 _____ 右 _____
13. 脚踝围 左 _____ 右 _____

年　　　月　　　日　　　数据

1. 身高 _____
2. 体重 _____
3. 年龄 _____
4. 体脂 _____
5. 代谢率 _____

6. 肩宽 _____
7. 大臂围 左 _____ 右 _____
8. 胸宽 _____，围 _____
9. 胸下围 _____
10. 颈围 _____

11. 大腿围 左 _____ 右 _____
12. 小腿围 左 _____ 右 _____
13. 脚踝围 左 _____ 右 _____

年　　　月　　　日　　　数据

1. 身高 _____
2. 体重 _____
3. 年龄 _____
4. 体脂 _____
5. 代谢率 _____

6. 肩宽 _____
7. 大臂围 左 _____ 右 _____
8. 胸宽 _____，围 _____
9. 胸下围 _____
10. 颈围 _____

11. 大腿围 左 _____ 右 _____
12. 小腿围 左 _____ 右 _____
13. 脚踝围 左 _____ 右 _____

年　　　月　　　日　　　数据

1. 身高 _____
2. 体重 _____
3. 年龄 _____
4. 体脂 _____
5. 代谢率 _____

6. 肩宽 _____
7. 大臂围 左 _____ 右 _____
8. 胸宽 _____，围 _____
9. 胸下围 _____
10. 颈围 _____

11. 大腿围 左 _____ 右 _____
12. 小腿围 左 _____ 右 _____
13. 脚踝围 左 _____ 右 _____

年　　　月　　　日　　　数据

1. 身高 _____
2. 体重 _____
3. 年龄 _____
4. 体脂 _____
5. 代谢率 _____

6. 肩宽 _____
7. 大臂围 左 _____ 右 _____
8. 胸宽 _____，围 _____
9. 胸下围 _____
10. 颈围 _____

11. 大腿围 左 _____ 右 _____
12. 小腿围 左 _____ 右 _____
13. 脚踝围 左 _____ 右 _____

年　　月　　日　　数据

1. 身高 _____
2. 体重 _____
3. 年龄 _____
4. 体脂 _____
5. 代谢率 _____
6. 肩宽 _____
7. 大臂围 左 _____ 右 _____
8. 胸宽 _____ ，围 _____
9. 胸下围 _____
10. 颈围 _____
11. 大腿围 左 _____ 右 _____
12. 小腿围 左 _____ 右 _____
13. 脚踝围 左 _____ 右 _____

年　　月　　日　　数据

1. 身高 _____
2. 体重 _____
3. 年龄 _____
4. 体脂 _____
5. 代谢率 _____
6. 肩宽 _____
7. 大臂围 左 _____ 右 _____
8. 胸宽 _____ ，围 _____
9. 胸下围 _____
10. 颈围 _____
11. 大腿围 左 _____ 右 _____
12. 小腿围 左 _____ 右 _____
13. 脚踝围 左 _____ 右 _____

年　　月　　日　　数据

1. 身高 _____
2. 体重 _____
3. 年龄 _____
4. 体脂 _____
5. 代谢率 _____
6. 肩宽 _____
7. 大臂围 左 _____ 右 _____
8. 胸宽 _____ ，围 _____
9. 胸下围 _____
10. 颈围 _____
11. 大腿围 左 _____ 右 _____
12. 小腿围 左 _____ 右 _____
13. 脚踝围 左 _____ 右 _____

年　　月　　日　　数据

1. 身高 _____
2. 体重 _____
3. 年龄 _____
4. 体脂 _____
5. 代谢率 _____
6. 肩宽 _____
7. 大臂围 左 _____ 右 _____
8. 胸宽 _____ ，围 _____
9. 胸下围 _____
10. 颈围 _____
11. 大腿围 左 _____ 右 _____
12. 小腿围 左 _____ 右 _____
13. 脚踝围 左 _____ 右 _____

年　　月　　日　　数据

1. 身高 _____
2. 体重 _____
3. 年龄 _____
4. 体脂 _____
5. 代谢率 _____
6. 肩宽 _____
7. 大臂围 左 _____ 右 _____
8. 胸宽 _____ ，围 _____
9. 胸下围 _____
10. 颈围 _____
11. 大腿围 左 _____ 右 _____
12. 小腿围 左 _____ 右 _____
13. 脚踝围 左 _____ 右 _____

年　　月　　日　　数据

1. 身高 _____
2. 体重 _____
3. 年龄 _____
4. 体脂 _____
5. 代谢率 _____
6. 肩宽 _____
7. 大臂围 左 _____ 右 _____
8. 胸宽 _____ ，围 _____
9. 胸下围 _____
10. 颈围 _____
11. 大腿围 左 _____ 右 _____
12. 小腿围 左 _____ 右 _____
13. 脚踝围 左 _____ 右 _____

年　　月　　日　　数据

1. 身高 _____
2. 体重 _____
3. 年龄 _____
4. 体脂 _____
5. 代谢率 _____
6. 肩宽 _____
7. 大臂围 左 _____ 右 _____
8. 胸宽 _____ ，围 _____
9. 胸下围 _____
10. 颈围 _____
11. 大腿围 左 _____ 右 _____
12. 小腿围 左 _____ 右 _____
13. 脚踝围 左 _____ 右 _____

年　　　月　　　日　　　**数据**

1. 身高 _____
2. 体重 _____
3. 年龄 _____
4. 体脂 _____
5. 代谢率 _____

6. 肩宽 _____
7. 大臂围 左 _____ 右 _____
8. 胸宽 _____，围 _____
9. 胸下围 _____
10. 颈围 _____

11. 大腿围 左 _____ 右 _____
12. 小腿围 左 _____ 右 _____
13. 脚踝围 左 _____ 右 _____

年　　　月　　　日　　　**数据**

1. 身高 _____
2. 体重 _____
3. 年龄 _____
4. 体脂 _____
5. 代谢率 _____

6. 肩宽 _____
7. 大臂围 左 _____ 右 _____
8. 胸宽 _____，围 _____
9. 胸下围 _____
10. 颈围 _____

11. 大腿围 左 _____ 右 _____
12. 小腿围 左 _____ 右 _____
13. 脚踝围 左 _____ 右 _____

年　　　月　　　日　　　**数据**

1. 身高 _____
2. 体重 _____
3. 年龄 _____
4. 体脂 _____
5. 代谢率 _____

6. 肩宽 _____
7. 大臂围 左 _____ 右 _____
8. 胸宽 _____，围 _____
9. 胸下围 _____
10. 颈围 _____

11. 大腿围 左 _____ 右 _____
12. 小腿围 左 _____ 右 _____
13. 脚踝围 左 _____ 右 _____

年　　　月　　　日　　　**数据**

1. 身高 _____
2. 体重 _____
3. 年龄 _____
4. 体脂 _____
5. 代谢率 _____

6. 肩宽 _____
7. 大臂围 左 _____ 右 _____
8. 胸宽 _____，围 _____
9. 胸下围 _____
10. 颈围 _____

11. 大腿围 左 _____ 右 _____
12. 小腿围 左 _____ 右 _____
13. 脚踝围 左 _____ 右 _____

年　　　月　　　日　　　**数据**

1. 身高 _____
2. 体重 _____
3. 年龄 _____
4. 体脂 _____
5. 代谢率 _____

6. 肩宽 _____
7. 大臂围 左 _____ 右 _____
8. 胸宽 _____，围 _____
9. 胸下围 _____
10. 颈围 _____

11. 大腿围 左 _____ 右 _____
12. 小腿围 左 _____ 右 _____
13. 脚踝围 左 _____ 右 _____

年　　　月　　　日　　　**数据**

1. 身高 _____
2. 体重 _____
3. 年龄 _____
4. 体脂 _____
5. 代谢率 _____

6. 肩宽 _____
7. 大臂围 左 _____ 右 _____
8. 胸宽 _____，围 _____
9. 胸下围 _____
10. 颈围 _____

11. 大腿围 左 _____ 右 _____
12. 小腿围 左 _____ 右 _____
13. 脚踝围 左 _____ 右 _____

年　　　月　　　日　　　**数据**

1. 身高 _____
2. 体重 _____
3. 年龄 _____
4. 体脂 _____
5. 代谢率 _____

6. 肩宽 _____
7. 大臂围 左 _____ 右 _____
8. 胸宽 _____，围 _____
9. 胸下围 _____
10. 颈围 _____

11. 大腿围 左 _____ 右 _____
12. 小腿围 左 _____ 右 _____
13. 脚踝围 左 _____ 右 _____

年　　月　　日　　数据

1. 身高 _____
2. 体重 _____
3. 年龄 _____
4. 体脂 _____
5. 代谢率 _____

6. 肩宽 _____
7. 大臂围 左 _____ 右 _____
8. 胸宽 _____，围 _____
9. 胸下围 _____
10. 颈围 _____

11. 大腿围 左 _____ 右 _____
12. 小腿围 左 _____ 右 _____
13. 脚踝围 左 _____ 右 _____

年　　月　　日　　数据

1. 身高 _____
2. 体重 _____
3. 年龄 _____
4. 体脂 _____
5. 代谢率 _____

6. 肩宽 _____
7. 大臂围 左 _____ 右 _____
8. 胸宽 _____，围 _____
9. 胸下围 _____
10. 颈围 _____

11. 大腿围 左 _____ 右 _____
12. 小腿围 左 _____ 右 _____
13. 脚踝围 左 _____ 右 _____

年　　月　　日　　数据

1. 身高 _____
2. 体重 _____
3. 年龄 _____
4. 体脂 _____
5. 代谢率 _____

6. 肩宽 _____
7. 大臂围 左 _____ 右 _____
8. 胸宽 _____，围 _____
9. 胸下围 _____
10. 颈围 _____

11. 大腿围 左 _____ 右 _____
12. 小腿围 左 _____ 右 _____
13. 脚踝围 左 _____ 右 _____

年　　月　　日　　数据

1. 身高 _____
2. 体重 _____
3. 年龄 _____
4. 体脂 _____
5. 代谢率 _____

6. 肩宽 _____
7. 大臂围 左 _____ 右 _____
8. 胸宽 _____，围 _____
9. 胸下围 _____
10. 颈围 _____

11. 大腿围 左 _____ 右 _____
12. 小腿围 左 _____ 右 _____
13. 脚踝围 左 _____ 右 _____

年　　月　　日　　数据

1. 身高 _____
2. 体重 _____
3. 年龄 _____
4. 体脂 _____
5. 代谢率 _____

6. 肩宽 _____
7. 大臂围 左 _____ 右 _____
8. 胸宽 _____，围 _____
9. 胸下围 _____
10. 颈围 _____

11. 大腿围 左 _____ 右 _____
12. 小腿围 左 _____ 右 _____
13. 脚踝围 左 _____ 右 _____

年　　月　　日　　数据

1. 身高 _____
2. 体重 _____
3. 年龄 _____
4. 体脂 _____
5. 代谢率 _____

6. 肩宽 _____
7. 大臂围 左 _____ 右 _____
8. 胸宽 _____，围 _____
9. 胸下围 _____
10. 颈围 _____

11. 大腿围 左 _____ 右 _____
12. 小腿围 左 _____ 右 _____
13. 脚踝围 左 _____ 右 _____

年　　月　　日　　数据

1. 身高 _____
2. 体重 _____
3. 年龄 _____
4. 体脂 _____
5. 代谢率 _____

6. 肩宽 _____
7. 大臂围 左 _____ 右 _____
8. 胸宽 _____，围 _____
9. 胸下围 _____
10. 颈围 _____

11. 大腿围 左 _____ 右 _____
12. 小腿围 左 _____ 右 _____
13. 脚踝围 左 _____ 右 _____

年　　　月　　　日　　　数据

1. 身高 _____	6. 肩宽 _____	11. 大腿围 左 _____ 右 _____
2. 体重 _____	7. 大臂围 左 _____ 右 _____	12. 小腿围 左 _____ 右 _____
3. 年龄 _____	8. 胸宽 _____，围 _____	13. 脚踝围 左 _____ 右 _____
4. 体脂 _____	9. 胸下围 _____	
5. 代谢率 _____	10. 颈围 _____	

年　　　月　　　日　　　数据

1. 身高 _____	6. 肩宽 _____	11. 大腿围 左 _____ 右 _____
2. 体重 _____	7. 大臂围 左 _____ 右 _____	12. 小腿围 左 _____ 右 _____
3. 年龄 _____	8. 胸宽 _____，围 _____	13. 脚踝围 左 _____ 右 _____
4. 体脂 _____	9. 胸下围 _____	
5. 代谢率 _____	10. 颈围 _____	

年　　　月　　　日　　　数据

1. 身高 _____	6. 肩宽 _____	11. 大腿围 左 _____ 右 _____
2. 体重 _____	7. 大臂围 左 _____ 右 _____	12. 小腿围 左 _____ 右 _____
3. 年龄 _____	8. 胸宽 _____，围 _____	13. 脚踝围 左 _____ 右 _____
4. 体脂 _____	9. 胸下围 _____	
5. 代谢率 _____	10. 颈围 _____	

年　　　月　　　日　　　数据

1. 身高 _____	6. 肩宽 _____	11. 大腿围 左 _____ 右 _____
2. 体重 _____	7. 大臂围 左 _____ 右 _____	12. 小腿围 左 _____ 右 _____
3. 年龄 _____	8. 胸宽 _____，围 _____	13. 脚踝围 左 _____ 右 _____
4. 体脂 _____	9. 胸下围 _____	
5. 代谢率 _____	10. 颈围 _____	

年　　　月　　　日　　　数据

1. 身高 _____	6. 肩宽 _____	11. 大腿围 左 _____ 右 _____
2. 体重 _____	7. 大臂围 左 _____ 右 _____	12. 小腿围 左 _____ 右 _____
3. 年龄 _____	8. 胸宽 _____，围 _____	13. 脚踝围 左 _____ 右 _____
4. 体脂 _____	9. 胸下围 _____	
5. 代谢率 _____	10. 颈围 _____	

年　　　月　　　日　　　数据

1. 身高 _____	6. 肩宽 _____	11. 大腿围 左 _____ 右 _____
2. 体重 _____	7. 大臂围 左 _____ 右 _____	12. 小腿围 左 _____ 右 _____
3. 年龄 _____	8. 胸宽 _____，围 _____	13. 脚踝围 左 _____ 右 _____
4. 体脂 _____	9. 胸下围 _____	
5. 代谢率 _____	10. 颈围 _____	

年　　　月　　　日　　　数据

1. 身高 _____	6. 肩宽 _____	11. 大腿围 左 _____ 右 _____
2. 体重 _____	7. 大臂围 左 _____ 右 _____	12. 小腿围 左 _____ 右 _____
3. 年龄 _____	8. 胸宽 _____，围 _____	13. 脚踝围 左 _____ 右 _____
4. 体脂 _____	9. 胸下围 _____	
5. 代谢率 _____	10. 颈围 _____	

年　　　月　　　日　　　数据

1. 身高 _____
2. 体重 _____
3. 年龄 _____
4. 体脂 _____
5. 代谢率 _____

6. 肩宽 _____
7. 大臂围 左 _____ 右 _____
8. 胸宽 _____，围 _____
9. 胸下围 _____
10. 颈围 _____

11. 大腿围 左 _____ 右 _____
12. 小腿围 左 _____ 右 _____
13. 脚踝围 左 _____ 右 _____

年　　　月　　　日　　　数据

1. 身高 _____
2. 体重 _____
3. 年龄 _____
4. 体脂 _____
5. 代谢率 _____

6. 肩宽 _____
7. 大臂围 左 _____ 右 _____
8. 胸宽 _____，围 _____
9. 胸下围 _____
10. 颈围 _____

11. 大腿围 左 _____ 右 _____
12. 小腿围 左 _____ 右 _____
13. 脚踝围 左 _____ 右 _____

年　　　月　　　日　　　数据

1. 身高 _____
2. 体重 _____
3. 年龄 _____
4. 体脂 _____
5. 代谢率 _____

6. 肩宽 _____
7. 大臂围 左 _____ 右 _____
8. 胸宽 _____，围 _____
9. 胸下围 _____
10. 颈围 _____

11. 大腿围 左 _____ 右 _____
12. 小腿围 左 _____ 右 _____
13. 脚踝围 左 _____ 右 _____

年　　　月　　　日　　　数据

1. 身高 _____
2. 体重 _____
3. 年龄 _____
4. 体脂 _____
5. 代谢率 _____

6. 肩宽 _____
7. 大臂围 左 _____ 右 _____
8. 胸宽 _____，围 _____
9. 胸下围 _____
10. 颈围 _____

11. 大腿围 左 _____ 右 _____
12. 小腿围 左 _____ 右 _____
13. 脚踝围 左 _____ 右 _____

年　　　月　　　日　　　数据

1. 身高 _____
2. 体重 _____
3. 年龄 _____
4. 体脂 _____
5. 代谢率 _____

6. 肩宽 _____
7. 大臂围 左 _____ 右 _____
8. 胸宽 _____，围 _____
9. 胸下围 _____
10. 颈围 _____

11. 大腿围 左 _____ 右 _____
12. 小腿围 左 _____ 右 _____
13. 脚踝围 左 _____ 右 _____

年　　　月　　　日　　　数据

1. 身高 _____
2. 体重 _____
3. 年龄 _____
4. 体脂 _____
5. 代谢率 _____

6. 肩宽 _____
7. 大臂围 左 _____ 右 _____
8. 胸宽 _____，围 _____
9. 胸下围 _____
10. 颈围 _____

11. 大腿围 左 _____ 右 _____
12. 小腿围 左 _____ 右 _____
13. 脚踝围 左 _____ 右 _____

年　　　月　　　日　　　数据

1. 身高 _____
2. 体重 _____
3. 年龄 _____
4. 体脂 _____
5. 代谢率 _____

6. 肩宽 _____
7. 大臂围 左 _____ 右 _____
8. 胸宽 _____，围 _____
9. 胸下围 _____
10. 颈围 _____

11. 大腿围 左 _____ 右 _____
12. 小腿围 左 _____ 右 _____
13. 脚踝围 左 _____ 右 _____

年　　　月　　　日　　　数据

1. 身高 _____
2. 体重 _____
3. 年龄 _____
4. 体脂 _____
5. 代谢率 _____

6. 肩宽 _____
7. 大臂围 左 _____ 右 _____
8. 胸宽 _____，围 _____
9. 胸下围 _____
10. 颈围 _____

11. 大腿围 左 _____ 右 _____
12. 小腿围 左 _____ 右 _____
13. 脚踝围 左 _____ 右 _____

年　　　月　　　日　　　数据

1. 身高 _____
2. 体重 _____
3. 年龄 _____
4. 体脂 _____
5. 代谢率 _____

6. 肩宽 _____
7. 大臂围 左 _____ 右 _____
8. 胸宽 _____，围 _____
9. 胸下围 _____
10. 颈围 _____

11. 大腿围 左 _____ 右 _____
12. 小腿围 左 _____ 右 _____
13. 脚踝围 左 _____ 右 _____

年　　　月　　　日　　　数据

1. 身高 _____
2. 体重 _____
3. 年龄 _____
4. 体脂 _____
5. 代谢率 _____

6. 肩宽 _____
7. 大臂围 左 _____ 右 _____
8. 胸宽 _____，围 _____
9. 胸下围 _____
10. 颈围 _____

11. 大腿围 左 _____ 右 _____
12. 小腿围 左 _____ 右 _____
13. 脚踝围 左 _____ 右 _____

年　　　月　　　日　　　数据

1. 身高 _____
2. 体重 _____
3. 年龄 _____
4. 体脂 _____
5. 代谢率 _____

6. 肩宽 _____
7. 大臂围 左 _____ 右 _____
8. 胸宽 _____，围 _____
9. 胸下围 _____
10. 颈围 _____

11. 大腿围 左 _____ 右 _____
12. 小腿围 左 _____ 右 _____
13. 脚踝围 左 _____ 右 _____

年　　　月　　　日　　　数据

1. 身高 _____
2. 体重 _____
3. 年龄 _____
4. 体脂 _____
5. 代谢率 _____

6. 肩宽 _____
7. 大臂围 左 _____ 右 _____
8. 胸宽 _____，围 _____
9. 胸下围 _____
10. 颈围 _____

11. 大腿围 左 _____ 右 _____
12. 小腿围 左 _____ 右 _____
13. 脚踝围 左 _____ 右 _____

年　　　月　　　日　　　数据

1. 身高 _____
2. 体重 _____
3. 年龄 _____
4. 体脂 _____
5. 代谢率 _____

6. 肩宽 _____
7. 大臂围 左 _____ 右 _____
8. 胸宽 _____，围 _____
9. 胸下围 _____
10. 颈围 _____

11. 大腿围 左 _____ 右 _____
12. 小腿围 左 _____ 右 _____
13. 脚踝围 左 _____ 右 _____

年　　　月　　　日　　　数据

1. 身高 _____
2. 体重 _____
3. 年龄 _____
4. 体脂 _____
5. 代谢率 _____

6. 肩宽 _____
7. 大臂围 左 _____ 右 _____
8. 胸宽 _____，围 _____
9. 胸下围 _____
10. 颈围 _____

11. 大腿围 左 _____ 右 _____
12. 小腿围 左 _____ 右 _____
13. 脚踝围 左 _____ 右 _____

年　　　月　　　日　　　数据

1. 身高 _____
2. 体重 _____
3. 年龄 _____
4. 体脂 _____
5. 代谢率 _____

6. 肩宽 _____
7. 大臂围 左 _____ 右 _____
8. 胸宽 _____，围 _____
9. 胸下围 _____
10. 颈围 _____

11. 大腿围 左 _____ 右 _____
12. 小腿围 左 _____ 右 _____
13. 脚踝围 左 _____ 右 _____

年　　　月　　　日　　　数据

1. 身高 _____
2. 体重 _____
3. 年龄 _____
4. 体脂 _____
5. 代谢率 _____

6. 肩宽 _____
7. 大臂围 左 _____ 右 _____
8. 胸宽 _____，围 _____
9. 胸下围 _____
10. 颈围 _____

11. 大腿围 左 _____ 右 _____
12. 小腿围 左 _____ 右 _____
13. 脚踝围 左 _____ 右 _____

年　　　月　　　日　　　数据

1. 身高 _____
2. 体重 _____
3. 年龄 _____
4. 体脂 _____
5. 代谢率 _____

6. 肩宽 _____
7. 大臂围 左 _____ 右 _____
8. 胸宽 _____，围 _____
9. 胸下围 _____
10. 颈围 _____

11. 大腿围 左 _____ 右 _____
12. 小腿围 左 _____ 右 _____
13. 脚踝围 左 _____ 右 _____

年　　　月　　　日　　　数据

1. 身高 _____
2. 体重 _____
3. 年龄 _____
4. 体脂 _____
5. 代谢率 _____

6. 肩宽 _____
7. 大臂围 左 _____ 右 _____
8. 胸宽 _____，围 _____
9. 胸下围 _____
10. 颈围 _____

11. 大腿围 左 _____ 右 _____
12. 小腿围 左 _____ 右 _____
13. 脚踝围 左 _____ 右 _____

年　　　月　　　日　　　数据

1. 身高 _____
2. 体重 _____
3. 年龄 _____
4. 体脂 _____
5. 代谢率 _____

6. 肩宽 _____
7. 大臂围 左 _____ 右 _____
8. 胸宽 _____，围 _____
9. 胸下围 _____
10. 颈围 _____

11. 大腿围 左 _____ 右 _____
12. 小腿围 左 _____ 右 _____
13. 脚踝围 左 _____ 右 _____

年　　　月　　　日　　　数据

1. 身高 _____
2. 体重 _____
3. 年龄 _____
4. 体脂 _____
5. 代谢率 _____

6. 肩宽 _____
7. 大臂围 左 _____ 右 _____
8. 胸宽 _____，围 _____
9. 胸下围 _____
10. 颈围 _____

11. 大腿围 左 _____ 右 _____
12. 小腿围 左 _____ 右 _____
13. 脚踝围 左 _____ 右 _____

年　　　月　　　日　　　数据

1. 身高 _____
2. 体重 _____
3. 年龄 _____
4. 体脂 _____
5. 代谢率 _____

6. 肩宽 _____
7. 大臂围 左 _____ 右 _____
8. 胸宽 _____，围 _____
9. 胸下围 _____
10. 颈围 _____

11. 大腿围 左 _____ 右 _____
12. 小腿围 左 _____ 右 _____
13. 脚踝围 左 _____ 右 _____

年　　　月　　　日　　　数据

1. 身高 _____
2. 体重 _____
3. 年龄 _____
4. 体脂 _____
5. 代谢率 _____

6. 肩宽 _____
7. 大臂围 左 _____ 右 _____
8. 胸宽 _____，围 _____
9. 胸下围 _____
10. 颈围 _____

11. 大腿围 左 _____ 右 _____
12. 小腿围 左 _____ 右 _____
13. 脚踝围 左 _____ 右 _____

年　　　月　　　日　　　数据

1. 身高 _____
2. 体重 _____
3. 年龄 _____
4. 体脂 _____
5. 代谢率 _____

6. 肩宽 _____
7. 大臂围 左 _____ 右 _____
8. 胸宽 _____，围 _____
9. 胸下围 _____
10. 颈围 _____

11. 大腿围 左 _____ 右 _____
12. 小腿围 左 _____ 右 _____
13. 脚踝围 左 _____ 右 _____

年　　　月　　　日　　　数据

1. 身高 _____
2. 体重 _____
3. 年龄 _____
4. 体脂 _____
5. 代谢率 _____

6. 肩宽 _____
7. 大臂围 左 _____ 右 _____
8. 胸宽 _____，围 _____
9. 胸下围 _____
10. 颈围 _____

11. 大腿围 左 _____ 右 _____
12. 小腿围 左 _____ 右 _____
13. 脚踝围 左 _____ 右 _____

年　　　月　　　日　　　数据

1. 身高 _____
2. 体重 _____
3. 年龄 _____
4. 体脂 _____
5. 代谢率 _____

6. 肩宽 _____
7. 大臂围 左 _____ 右 _____
8. 胸宽 _____，围 _____
9. 胸下围 _____
10. 颈围 _____

11. 大腿围 左 _____ 右 _____
12. 小腿围 左 _____ 右 _____
13. 脚踝围 左 _____ 右 _____

年　　　月　　　日　　　数据

1. 身高 _____
2. 体重 _____
3. 年龄 _____
4. 体脂 _____
5. 代谢率 _____

6. 肩宽 _____
7. 大臂围 左 _____ 右 _____
8. 胸宽 _____，围 _____
9. 胸下围 _____
10. 颈围 _____

11. 大腿围 左 _____ 右 _____
12. 小腿围 左 _____ 右 _____
13. 脚踝围 左 _____ 右 _____

年　　　月　　　日　　　数据

1. 身高 _____
2. 体重 _____
3. 年龄 _____
4. 体脂 _____
5. 代谢率 _____

6. 肩宽 _____
7. 大臂围 左 _____ 右 _____
8. 胸宽 _____，围 _____
9. 胸下围 _____
10. 颈围 _____

11. 大腿围 左 _____ 右 _____
12. 小腿围 左 _____ 右 _____
13. 脚踝围 左 _____ 右 _____

年　　　月　　　日　　　数据

1. 身高 _____
2. 体重 _____
3. 年龄 _____
4. 体脂 _____
5. 代谢率 _____

6. 肩宽 _____
7. 大臂围 左 _____ 右 _____
8. 胸宽 _____，围 _____
9. 胸下围 _____
10. 颈围 _____

11. 大腿围 左 _____ 右 _____
12. 小腿围 左 _____ 右 _____
13. 脚踝围 左 _____ 右 _____

年　　月　　日　　　数据

1. 身高 _____
2. 体重 _____
3. 年龄 _____
4. 体脂 _____
5. 代谢率 _____

6. 肩宽 _____
7. 大臂围 左 _____ 右 _____
8. 胸宽 _____，围 _____
9. 胸下围 _____
10. 颈围 _____

11. 大腿围 左 _____ 右 _____
12. 小腿围 左 _____ 右 _____
13. 脚踝围 左 _____ 右 _____

年　　月　　日　　　数据

1. 身高 _____
2. 体重 _____
3. 年龄 _____
4. 体脂 _____
5. 代谢率 _____

6. 肩宽 _____
7. 大臂围 左 _____ 右 _____
8. 胸宽 _____，围 _____
9. 胸下围 _____
10. 颈围 _____

11. 大腿围 左 _____ 右 _____
12. 小腿围 左 _____ 右 _____
13. 脚踝围 左 _____ 右 _____

年　　月　　日　　　数据

1. 身高 _____
2. 体重 _____
3. 年龄 _____
4. 体脂 _____
5. 代谢率 _____

6. 肩宽 _____
7. 大臂围 左 _____ 右 _____
8. 胸宽 _____，围 _____
9. 胸下围 _____
10. 颈围 _____

11. 大腿围 左 _____ 右 _____
12. 小腿围 左 _____ 右 _____
13. 脚踝围 左 _____ 右 _____

年　　月　　日　　　数据

1. 身高 _____
2. 体重 _____
3. 年龄 _____
4. 体脂 _____
5. 代谢率 _____

6. 肩宽 _____
7. 大臂围 左 _____ 右 _____
8. 胸宽 _____，围 _____
9. 胸下围 _____
10. 颈围 _____

11. 大腿围 左 _____ 右 _____
12. 小腿围 左 _____ 右 _____
13. 脚踝围 左 _____ 右 _____

年　　月　　日　　　数据

1. 身高 _____
2. 体重 _____
3. 年龄 _____
4. 体脂 _____
5. 代谢率 _____

6. 肩宽 _____
7. 大臂围 左 _____ 右 _____
8. 胸宽 _____，围 _____
9. 胸下围 _____
10. 颈围 _____

11. 大腿围 左 _____ 右 _____
12. 小腿围 左 _____ 右 _____
13. 脚踝围 左 _____ 右 _____

年　　月　　日　　　数据

1. 身高 _____
2. 体重 _____
3. 年龄 _____
4. 体脂 _____
5. 代谢率 _____

6. 肩宽 _____
7. 大臂围 左 _____ 右 _____
8. 胸宽 _____，围 _____
9. 胸下围 _____
10. 颈围 _____

11. 大腿围 左 _____ 右 _____
12. 小腿围 左 _____ 右 _____
13. 脚踝围 左 _____ 右 _____

年　　月　　日　　　数据

1. 身高 _____
2. 体重 _____
3. 年龄 _____
4. 体脂 _____
5. 代谢率 _____

6. 肩宽 _____
7. 大臂围 左 _____ 右 _____
8. 胸宽 _____，围 _____
9. 胸下围 _____
10. 颈围 _____

11. 大腿围 左 _____ 右 _____
12. 小腿围 左 _____ 右 _____
13. 脚踝围 左 _____ 右 _____

年　　　月　　　日　　　数据

1. 身高 _____
2. 体重 _____
3. 年龄 _____
4. 体脂 _____
5. 代谢率 _____

6. 肩宽 _____
7. 大臂围 左 _____ 右 _____
8. 胸宽 _____, 围 _____
9. 胸下围 _____
10. 颈围 _____

11. 大腿围 左 _____ 右 _____
12. 小腿围 左 _____ 右 _____
13. 脚踝围 左 _____ 右 _____

年　　　月　　　日　　　数据

1. 身高 _____
2. 体重 _____
3. 年龄 _____
4. 体脂 _____
5. 代谢率 _____

6. 肩宽 _____
7. 大臂围 左 _____ 右 _____
8. 胸宽 _____, 围 _____
9. 胸下围 _____
10. 颈围 _____

11. 大腿围 左 _____ 右 _____
12. 小腿围 左 _____ 右 _____
13. 脚踝围 左 _____ 右 _____

年　　　月　　　日　　　数据

1. 身高 _____
2. 体重 _____
3. 年龄 _____
4. 体脂 _____
5. 代谢率 _____

6. 肩宽 _____
7. 大臂围 左 _____ 右 _____
8. 胸宽 _____, 围 _____
9. 胸下围 _____
10. 颈围 _____

11. 大腿围 左 _____ 右 _____
12. 小腿围 左 _____ 右 _____
13. 脚踝围 左 _____ 右 _____

年　　　月　　　日　　　数据

1. 身高 _____
2. 体重 _____
3. 年龄 _____
4. 体脂 _____
5. 代谢率 _____

6. 肩宽 _____
7. 大臂围 左 _____ 右 _____
8. 胸宽 _____, 围 _____
9. 胸下围 _____
10. 颈围 _____

11. 大腿围 左 _____ 右 _____
12. 小腿围 左 _____ 右 _____
13. 脚踝围 左 _____ 右 _____

年　　　月　　　日　　　数据

1. 身高 _____
2. 体重 _____
3. 年龄 _____
4. 体脂 _____
5. 代谢率 _____

6. 肩宽 _____
7. 大臂围 左 _____ 右 _____
8. 胸宽 _____, 围 _____
9. 胸下围 _____
10. 颈围 _____

11. 大腿围 左 _____ 右 _____
12. 小腿围 左 _____ 右 _____
13. 脚踝围 左 _____ 右 _____

年　　　月　　　日　　　数据

1. 身高 _____
2. 体重 _____
3. 年龄 _____
4. 体脂 _____
5. 代谢率 _____

6. 肩宽 _____
7. 大臂围 左 _____ 右 _____
8. 胸宽 _____, 围 _____
9. 胸下围 _____
10. 颈围 _____

11. 大腿围 左 _____ 右 _____
12. 小腿围 左 _____ 右 _____
13. 脚踝围 左 _____ 右 _____

年　　　月　　　日　　　数据

1. 身高 _____
2. 体重 _____
3. 年龄 _____
4. 体脂 _____
5. 代谢率 _____

6. 肩宽 _____
7. 大臂围 左 _____ 右 _____
8. 胸宽 _____, 围 _____
9. 胸下围 _____
10. 颈围 _____

11. 大腿围 左 _____ 右 _____
12. 小腿围 左 _____ 右 _____
13. 脚踝围 左 _____ 右 _____

年　　月　　日　　数据

1. 身高 _____　　　6. 肩宽 _____　　　11. 大腿围 左 _____ 右 _____
2. 体重 _____　　　7. 大臂围 左 _____ 右 _____　　12. 小腿围 左 _____ 右 _____
3. 年龄 _____　　　8. 胸宽 _____，围 _____　　13. 脚踝围 左 _____ 右 _____
4. 体脂 _____　　　9. 胸下围 _____
5. 代谢率 _____　　10. 颈围 _____

年　　月　　日　　数据

1. 身高 _____　　　6. 肩宽 _____　　　11. 大腿围 左 _____ 右 _____
2. 体重 _____　　　7. 大臂围 左 _____ 右 _____　　12. 小腿围 左 _____ 右 _____
3. 年龄 _____　　　8. 胸宽 _____，围 _____　　13. 脚踝围 左 _____ 右 _____
4. 体脂 _____　　　9. 胸下围 _____
5. 代谢率 _____　　10. 颈围 _____

年　　月　　日　　数据

1. 身高 _____　　　6. 肩宽 _____　　　11. 大腿围 左 _____ 右 _____
2. 体重 _____　　　7. 大臂围 左 _____ 右 _____　　12. 小腿围 左 _____ 右 _____
3. 年龄 _____　　　8. 胸宽 _____，围 _____　　13. 脚踝围 左 _____ 右 _____
4. 体脂 _____　　　9. 胸下围 _____
5. 代谢率 _____　　10. 颈围 _____

年　　月　　日　　数据

1. 身高 _____　　　6. 肩宽 _____　　　11. 大腿围 左 _____ 右 _____
2. 体重 _____　　　7. 大臂围 左 _____ 右 _____　　12. 小腿围 左 _____ 右 _____
3. 年龄 _____　　　8. 胸宽 _____，围 _____　　13. 脚踝围 左 _____ 右 _____
4. 体脂 _____　　　9. 胸下围 _____
5. 代谢率 _____　　10. 颈围 _____

年　　月　　日　　数据

1. 身高 _____　　　6. 肩宽 _____　　　11. 大腿围 左 _____ 右 _____
2. 体重 _____　　　7. 大臂围 左 _____ 右 _____　　12. 小腿围 左 _____ 右 _____
3. 年龄 _____　　　8. 胸宽 _____，围 _____　　13. 脚踝围 左 _____ 右 _____
4. 体脂 _____　　　9. 胸下围 _____
5. 代谢率 _____　　10. 颈围 _____

年　　月　　日　　数据

1. 身高 _____　　　6. 肩宽 _____　　　11. 大腿围 左 _____ 右 _____
2. 体重 _____　　　7. 大臂围 左 _____ 右 _____　　12. 小腿围 左 _____ 右 _____
3. 年龄 _____　　　8. 胸宽 _____，围 _____　　13. 脚踝围 左 _____ 右 _____
4. 体脂 _____　　　9. 胸下围 _____
5. 代谢率 _____　　10. 颈围 _____

年　　月　　日　　数据

1. 身高 _____　　　6. 肩宽 _____　　　11. 大腿围 左 _____ 右 _____
2. 体重 _____　　　7. 大臂围 左 _____ 右 _____　　12. 小腿围 左 _____ 右 _____
3. 年龄 _____　　　8. 胸宽 _____，围 _____　　13. 脚踝围 左 _____ 右 _____
4. 体脂 _____　　　9. 胸下围 _____
5. 代谢率 _____　　10. 颈围 _____

图书在版编目（CIP）数据

身材管理：居家、办公都能做的小角度运动 /
KIMIKO 著 . — 广州：广东旅游出版社，2020.5（2021.1 重印）
ISBN 978-7-5570-2198-6

Ⅰ . ① 身… Ⅱ . ① K… Ⅲ . ① 健身运动 Ⅳ . ① G883

中国版本图书馆 CIP 数据核字 (2020) 第 035978 号

本中文简体版版权归属于银杏树下（北京）图书有限责任公司

出 版 人：刘志松
著　　者：KIMIKO
责任编辑：方银萍
装帧设计：墨白空间·肖雅
责任校对：李瑞苑
责任技编：冼志良

选题策划：后浪出版公司
出版统筹：吴兴元
编辑统筹：王頔
特约编辑：张冰子
营销推广：ONEBOOK

身材管理：居家、办公都能做的小角度运动
SHENCAI GUANLI:JUJIA BANGONG DOU NENG ZUO DE XIAO JIAODU YUNDONG

广东旅游出版社出版
（广州市荔湾区沙面北街 71 号首、二层）

邮编：510060
印刷：天津图文方嘉印刷有限公司
字数：105 千字
版次：2021 年 1 月第 1 版第 2 次印刷

开本：720 毫米 ×1030 毫米　16 开
印张：8
定价：42.00 元